宗教はなぜ都会を離れるか？

世界平和実現のために

谷口雅宣
Masanobu Taniguchi

生長の家

はしがき

本書の校正をしていた今年の十月十八日、私は生長の家講習会のために徳島市に飛び、翌日に「アスティとくしま」で講話をしたのだった。私の講習会では、午前中の講話に対して受講者から質問を受け、午後の講話の前半約三十分を使ってそれに答えるようにしてきた。その日の質問は八人の受講者からいただいたが、その中の一つを読んで、私は驚きを禁じえなかった。というのは、内容がいかにも時代錯誤的だったからである。

それをここへ掲げよう——

敗戦後、なにか日本は負い目を感じ今日まできたように感じます。しかし、戦争にいたる事実を知り、日本人として誇りをとりもどしました。もっと雅春先生の憲法に関する著書を世に出すべきではないのでしょうか。私たち日本人は、もっと世界に自信をもっていいのでは、そういう教育は間違っているのでしょうか。*1

質問者が「戦争にいたる事実を知って誇りに思う」ということは、その戦争が〝正しい戦争〟ひいては〝聖戦〟と呼ばれるにふさわしいと感じたということだろう。この人はいったいどんな「事実」を知ったというのか、と私は思った。そして、そのことと「雅春先生の憲法に関する著書」とが何の関係があるのかと不思議に思った。

日本が二十世紀の前半に行った戦争については、この約七十年の間に、すでに夥《おびただ》しい数の研究が世界中で行われていて、その原因や問題点、数々の判断の誤りについて多くのことが明らかにされ、圧倒的多数の研究結果は、〝正戦〟や〝聖戦〟の考え方と歴史的事実との関係を否定している。ただ、わずかな数の日本人だけが、戦前、戦中の日本政府と軍部が主張していたのとほとんど変わらない〝正戦論〟や〝聖戦論〟を墨守しているに過ぎない。にもかかわらず、この質問者は、生長の家がこの少数派の一部に属すると誤解している様子なのだ。

質問の主は六十二歳のKさん（匿名とする）という主婦である。私と同年齢の女性である点が、私の驚きをさらに強めた。私はいわゆる「団塊の世代」の最後尾に位置していて、高校から大学時代に学生運動の頂点と終息を実地に見聞した。当時は残念ながら、日本中の多くの大学で授業をまともに受けられない混乱が続いていたから、本来学ぶべきことを学ばずに卒業した人も多くいたに違いない。その中でも、私は自分が学問に熱心な学生だったと自負している。しかしそうであっても、日本の現代史と国際関係の諸問題については、専攻しないかぎりは〝上辺をなでる〟程度の知識しか得られなかっただろう。というのは、当時の高校までの歴史の授業は、古代から明治維新までのことには注目するが、現代史は省略する傾向にあったからだ。私は政治学と国際法、国際関係論を専攻したから、大学ではそうでない学生よりも日本をめぐる現代の国際情勢について多くの知識を得たかもしれない。また、大学卒業後は米国の大学院の同じ専門課程で学んだことで、この分野の知識を多く得られたことに感謝している。

が、そうであるにしても、私の年齢の日本人で、しかも生長の家に関係している人が、日本の現代史の中で〝最重要〟と思われるあの戦争が起こった経緯について正しい知識に欠けていることは、きわめて由々しい事態だと感じたのである。

その原因の一部は、生長の家にもある。それは、創始者の谷口雅春先生があの戦争のことを「聖戦」と形容したことが一度ならずあり、当時の日本政府の言い分を擁護される文章も多く残されているからだ。しかし、その一方で、雅春先生は、生長の家の教義上の重要な文書である「神示《しんじ》」*2の中で、あの戦争を明確に否定され、戦争に至った日本人の精神状態を厳しく批判されるなどしている。この一見矛盾した表現のために、生長の家の信徒の間では、あの戦争についての評価が長期にわたりまちまちであった。しかし、この問題は二〇〇四年の『歴史から何を学ぶか――平成十五年度生長の家教修会の記録』(谷口雅宣監修、生長の家刊)発刊以後は、大方の信徒の間では解決したと私は思っていた。なぜなら、同書では、様々な年代や状況下での雅春先生の御文章を多数引用して、あの戦争をめぐる先生の評価の変遷を示し、それがなぜ起こったかを比較的丁寧に分析しているからである。しかし、同書発行から十年が過ぎても、この程度の理解の人がいるならば、過去の評価をもっと明確な言葉で表現する必要がある、と私は感じた。

そんな理由もあって、本書第一部第一章「運動の変化について」では、あの戦争の終了後、日本社会がたどった方向に関連して、谷口雅春先生がどのようなお考えだったかを明確に表現した。これは即ち、先生の日本国憲法に対するお考えを述べることでもある。そうすることで、私は前掲のKさんの「もっと雅春先生の憲法に関する著書を世に出すべきではないのでしょうか」という質問に事実上答えている。この問題に関心のある読者は、だからそこを読み、そして「宗教運動は時代の制約下にある」という事実を知ってほしいのである。第一章はこの事実を、生長の家の実例をもって示すことに費やされている。

このことは、私たちが学校の歴史の授業で、例えば鎌倉仏教の教え[*3]がその前の仏教とどう違うかとか、キリスト教が宗教改革を経てどう変化したかなどを学ぶ際には、何の疑問も起こらない当然の前提だったろう。しかし、ことが自分自身の信仰する宗教になると、「教祖の教えと現在のやり方は違う」などと指摘されると、前者（教祖の教え）ではなく、後者（現在のやり方）を疑問視する傾向が強くなりがちだ。その心情は十分理解できる。しかし、宗教の教祖も、その人が生きた環境と時代から完全に自由になることはないのである。別の言い方をすれば、ある人物が説いた教えが人々の注目を集め、多くの信者を獲得するにいたるには、その教えが、その時代の人々が求める内容をもち、その土地の人々の環境や生活習慣と密接に関係している必要があるのである。この二つのことは、同じことを別の角度から表現したに過ぎない。つまり、宗教は時代と環境の要請から生まれるから、その時代と環境が変化すれば、宗教自体も変化を要求されるのである。だから、戦前・戦後に説かれた教えは戦後に修正されることもあるし、冷戦[*4]時代の宗教運動の目標や方法が、冷戦後には採用されないこともあるのである。この時代応現の変化の意味が分からないと、宗教は社会に有害な影響をもたらすことになる。例えば、古い教典に記録された宗教の教えの一言一句が文字通り真理であり、それを墨守することが信仰者のもつべき態度だとする原理主義の考えは、往々にして間違った方向に宗教を引っ張っていく。そのことは今、イスラーム社会での実例がテレビやインターネットを介して示している通りである。

生長の家が昨年、国際本部を東京・原宿から八ヶ岳南麓に移転したことも、時代と環境の変化に応じた決断だった。私は、二〇一〇年に上梓した『〝森の中〟へ行く──人と自然の調和のために生長の家が考えたこと』（谷口純子との共著）とその後の『次世代への決断──宗教者が〝脱原発〟を決めた理由』（二〇一二年刊）の中で、この決断の理由と意味を書いた。本書では、第二章「神・自然・人間の大調和に向けて」の中で、さらにこれらに肉付けして、生長の家がその重要な教義や出版物の中で、当初から自然と人間との本来的関係──両者の一体性、不可分性などを説いてきたことを示している。具体的には、「大調和の神示」『生命の實相』の総説篇に掲げられた「七つの光明宣言」、同シリーズ聖詩篇の中のいくつもの詩、自伝篇の記述、『聖経[*5]真理の吟唱』に収録された複数の祈りの言葉、そして聖経『甘露の法雨』の詩文中などである。

第二部「新しい文明の実現を目指して」は、私の最近の講演録で構成されている。

「偏りのない文明の構築へ」は二〇一二年四月、「対称性の論理を学ぶ」は二〇一三年四月、「宗教における都市と自然」は同年七月、「『ムスビ』の働きで新価値を創造しよう」は同年十一月、そして「なぜ肉食から遠ざかるべきか?」は二〇一四年七月である。これらの講演では、前著『次世代への決断』の第四章「現代文明転換への視点」で提示した人間の心の持ち方の対比表を四項目から七項目に発展させている。その基本は、私たちの心の持ち方は、生活の場が都市と自然の中とでは大きく異なるという点だ。そして、「都会的要素の偏重」は人間の本性に反するということだ。このことが重要なのは、今日、世界の人類の半数以上が都市生活者になったからで、それによって今後、人間社会はもちろん、資源・エネルギーの需要や環境への影響もマイナスの方向に拡大すると予測されるのである。私は、人類社会が「都市化」という一方向へ偏りつつあることが、現代の様々な問題を生む大きな原因の一つだと考える。その理由はこの第二部に詳述してある。ここでの私の論拠は、現代の脳科学や精神分析学、人類学の知見と、伝統的な宗教の教えが一致する点にある。読者には熟読をお願いし、自らの生活と将来設計の参考にされると共に、次代を担う若者にもぜひお伝え頂きたい。それによって彼らが自然界との一体感に気づき、あるいは回復して、明るい人間社会と豊かな自然の再構築に向けて喜びをもって前進する一助となれば、喜びこれに過ぎるものはない。

二〇一四年十月二十三日

著者識す

＊1　生長の家創始者・谷口雅春師。一八九三年十一月二十二日に現在の神戸市に生まれる。一九八五年六月十七日に満九十一歳で昇天。

＊2　谷口雅春師が霊感を得て書いた言葉で全部で三十三ある。

＊3　平安時代末期から鎌倉時代にかけて起こった仏教変革の動きを指し、それまで社会のエリート層に向けて説かれた難解な教説を排して、信仰と実践を重んじたり、戒律の復興を掲げて、武士や庶民への布教を図った。浄土思想の重視と中国伝来の禅宗の影響が特徴。

＊4　第二次世界大戦後の国際関係を表現した語。火器を用いる〝熱戦〟とは異なり、武力を用いず、経済・外交・情報などを手段として行う国際的対立抗争で、アメリカを中心とす

る資本主義陣営と、当時のソ連を中心とする社会主義陣営とが対峙した。
＊5　谷口雅春師による真理の言葉のうち、同師が生長の家の〝お経〟として認めたもの。立教の初期に著わした自由詩のほか、『真理の吟唱』も含まれる。

宗教はなぜ都会を離れるか？——世界平和実現のために

目次

第二部　新しい文明の実現を目指して

カバー写真

〈表1〉長野県の修那羅峠の安宮神社にある千手観音の石像

（撮影：永井　暁）

〈表4〉山梨県の八ヶ岳南麓に建設された生長の家国際本部

〝森の中のオフィス〟の遠景

第一部　宗教は動く

第一章　運動の変化について

生長の家は二〇一三年、国際本部を山梨県北杜市の〝森の中のオフィス〟に移転し、業務を始めた。その経緯や目的等については、私のブログをはじめ生長の家の公式サイト、SNS上などで発表され、私も『〝森の中〟へ行く』（二〇一〇年）、『次世代への決断』（二〇一二年）などの書籍で詳しく説明した。その後、職員寮の建設の遅れなどの事情から、実際の移転時期は当初予定していた二〇一三年四月から十月に延期されたが、新しい〝オフィス〟の建物はその年の春には完成した。この変化は、生長の家の歴史の中では、創始者・谷口雅春先生が神戸から東京へ移住された時（一九三四年）、そして東京から長崎へ移転された時（一九七五年）にも匹敵する重要度をもつだろう。これらの重要な〝節目〟の周期を調べてみると、約四十年であることに気がつく。もちろん、四十年たったら、どんな運動でも大きく変化しなければならないという決まりはない。しかし宗教運動は、周囲の世界の状況の変化に正しく対応していくべき使命があるから、変化を恐れていてはならず、必要とあれば社会に先駆けて新たな道へと歩み出す覚悟がなければならない。

そのような決意と行動は、神の御心の表現として行われるかぎり、信仰にもとづく宗教本来の動きとも言えるのである。谷口雅春先生は『聖経 真理の吟唱』の「久遠いのちを生きる祈り」の中で次のように説かれている——

神の無限の創造はたゆみなく継続して杜絶えることはないのである。それゆえ、神の子の創造もまた無限につづいて中絶することはないのである。神の創造には、二度と同じものが繰り返されることはない。それと同じく私たちの構想も二度と同じものが繰り返されることがないから、わたしの発想は常に溌剌《はつらつ》として新たなのである。生命は常に新たであり、自由であり、つねに過去を破壊して新たなる創造へと進むのである。

（同書、一五頁）

これは何も宗教運動だけでなく、企業や事業の経営にも言えることで、変化への適切な対応の中に神の無限アイディアが表現されていくことになる。前掲書に収録された「無限の富者となる祈り」には、これと同じ真理が個人にも適用されることが、次のように示されている――

繁栄は〝神の子〟にとって当然の付随物であるのである。決して私は貧しくなるなどということはないのである。自分の事業は必ず栄え、計画は必ず図にあたるのである。事に応じ、時に応じ、人に応じて、私は神に導かれて最も適切なる処置をとることができるのである。どんなに衰微せる事業でも、私はそれを生かすことができるのである。なぜなら繁栄の叡智を神から私は与えられるからである。その事業が時代に適しないものであれば、私はそれを適当な方向に転じて活かす事もできるのである。神は神通自在であるから、決して旧態依然たる陋習に甘んじている必要はないのである。棄てるべきものは棄て、切るべきものは切り、生かすべきものは生かし、転ずべきものは転じ、どんな万難をも切りひらいて行きづまることはないのである。行き詰ったと見えるところに、新しく前よりも一層偉大なる使命を見出すのである。

（同書、二四一〜二四二頁）

東京・原宿にあった生長の家本部が、山梨県北杜市の八ヶ岳山麓に移るということは、単純に考えれば「本部事務所の移転」にすぎないから、生長の家の運動の流れに大きな変化が起こると考えない人がいるかもしれない。しかし、雅春先生の神戸からのご上京後、約八十年ものあいだ、私たちの運動は基本的に「東京」を本拠地として展開されてきた。東京はその間、日本の政治・経済・情報・文化の中心であり続けたし、今後もそれは続くだろう。その大都会・東京から〝森の中〟へ動かねばならない理由を考えるならば、私たちの運動は今後、これまでの政治が、経済が、情報が、文化が進んできたのとは異なる方向へ進む可能性を内包していることに気づいてほしいのである。それはもちろん、〝原始生活〟や〝未開文明〟にもどることではない。私たちの目的は、すでに公表されているように、「現代人が現代の生活を営みながら自然環境と調和した生活をおくる」（「〝森の中のオフィス〟構想の基本的考え方」[*1]）ためのノウハウの獲得と、そういう生活の実践である。

それは決して夢物語ではない。その証拠に、建設なった〝森の中のオフィス〟は、建設業界では「日本初のＺＥＢ（炭素排出ゼロ建築物）」として注目されているだけでなく、地元・山梨県の木材（ＦＳＣ認証材）を多用した大型木造建築物としても類例がない。これらの技術の開発と成果に、生長の家は何か特別な貢献をしただろうか。いや、そんなことはしていない。日本の企業がすでに開発ずみの技術を組み合わせただけである。私たちは、すでにあるものを利用させていただいただけだ。そこにもし何か社会への貢献があったと言えるならば、このような優れた技術を動員するための「需要を喚起した」ことぐらいだろう。しかし、私はそのことが重要だと思う。需要がなければ、技術はあっても使われないし、使われない技術はやがて衰退してしまう。このような建物の建設とそれを取り囲む環境の整備は、世界有数の大都会・東京では、まず不可能である。少なくとも、生長の家の資金力では無理である。土地の値段の高さを初めとして、法制やインフラや道路事情などを考えても、実現はそれこそ〝夢物語〟である。「新しい文明」は、それに相応しい場所から生まれるのであって、古い文明の諸制度が集約された都会から生まれる必要はないし、かえってそんな場所からは生まれないだろう。

人類の環境破壊の歴史

文明の新旧について語るには、私たちが今いる位置を、鳥瞰図を見るように大づかみに眺めてみるのがいいかもしれない。ここで言う「私たち」とは、人類全体のことであり、「位置」とは第二次大戦以降の歴史上の位置である。この大戦が、広島、長崎への原爆投下によって終結したという事実は、きわめて象徴的だ。そこから、人間の自然破壊が本格化したからである。当時の人類にとって、自然界は、そして地球は、無限の資源とエネルギーに溢れ、どんな大規模な人間の活動によっても破壊されず、かえって人間を束縛し、人間から奪い、人間の脅威として対峙する存在だった。ところが、その状況は、戦後半世紀を迎えるころから変わってきた。〝人口爆発〟とも呼ばれる人類の急激な増加と、その生活と経済活動による〝公害〟の頻発と自然破壊、とりわけ温室効果ガスの大気圏への大量排出によって、地球環境は恒久的に変化していくことが、夥《おびただ》しい数の科学的研究と実証データーの蓄積によって明らかになってきたのである。今や〝自然は無限〟〝地球は無限〟という考えが誤りであることは、明確になっている。

この半世紀の世界の変化を数字で見ると、どうなるか？　戦後五年たった一九五〇年の世界の人口は、約二五億三〇〇〇万人だった。これは、二〇一一年時点の人口（約七〇億人）の約三分の一にすぎない。つまり戦後、世界人口は三倍に増えたのである。当然、資源やエネルギー消費は拡大した。石油の使用量は一九五〇年が四億七〇〇〇トンだったが、二〇〇六年には三九億トンへと八倍強に拡大した。同じ時期、天然ガスの使用量は一四・五倍、石炭は二・七倍に膨張した。そして、原子力発電所の増設による原子力発電容量は、一九五六年の一〇万キロワットから、二〇〇九年には実にその三七〇〇倍に当たる三億七〇九〇万キロワットにまで拡大している。

また、地球の生物資源を人間の食糧とする量も大いに増えている。具体的には、世界の穀物生産量は、一九六一年から四十五年間で二・五倍となり、食肉生産は同じ期間に三・九倍に拡大した。水産物生産量は、一九五〇年が一九八四万トンだったのに対し、二〇〇八年はその八倍の一億五九一〇万トンに達した。

ご存じのように、生物界を含めた自然界は資源循環型である。個々の生物種には、それぞれいわゆる〝天敵〟がいるから、ある生物種だけが繁栄して地球上を覆い尽くすことなどない。かつて大型爬虫類である恐竜が地上を覆うほど繁栄した時代にも、哺乳動物は恐竜の陰で生き続けてきた。だから、恐竜の絶滅の後に、哺乳類は繁栄の時代を迎えたのだ。同じことは、生命をもたない鉱物についても言える。例えば、二酸化炭素の循環について、ワールドウォッチ研究所は次のように描く——

地球の大気中の二酸化炭素は、数億年というようなスパンで考えると、地殻直下のマントル対流によって地表に供給された炭酸塩が起源となり、一方で海の中に溶けた二酸化炭素が生物の働きによって、たとえば珊瑚礁や貝殻、骨などの炭酸塩として固定され、それがプレート運動により再びマントルに戻るという循環を続けている。もし、この固定の働きとマントルに戻す力が弱ければ、大気中の二酸化炭素分圧の上昇が続き、温室効果が効きすぎて海洋は蒸発してしまったかも知れない。あるいは逆に、少しばかり強すぎた場合には、雪や氷は太陽光の反射能（アルベド）が高いので、地表面がこれらに覆われ始めると地表温度がいっそう下がり、全海洋が凍結するまで温度低下が続いていたかも知れない。

（同研究所編『地球環境データブック 2011-12』、一七三〜一七四頁）

そういう微妙なバランスの上に生物は繁栄して生態系を築き、延々と安定を保ってきた中で、人類がある時期から、科学技術と欲望を組み合わせて〝自己中心的増殖〟を始めたのである。その時期は、産業革命開始のときであるかもしれないし、二十世紀末の公害の時代かもしれない。生態系を破壊して自己増殖の道具とし、鉱物資源を掘り出し加熱して大量の二酸化炭素を大気中に排出し、森林を切り倒し、鉄道を敷き、自動車を走らせ、コンクリートと鉄で都市を構築していった。その勢いは、すでに掲げた数字が示す通りだ。これらは皆、非循環型の資源利用だから、地球の鉱物資源は減少を続け、生物多様性はどんどん失われていったのである。こうして世界人口の半分は、今や都市生活者となった。そして、この世界的な〝都市化〟の大潮流は、今後も続くと予想されている。

今、日本が直面しているエネルギー利用の選択について、多くの人はこのような〝文明的潮流〟のことまで語らない。「環境破壊を続ける人類史」という鳥瞰図の中で、今後の人類がエネルギーをどこから得、どう使うかの議論はほとんどない。単なる原子力発電所の安全性の問題ではないのである。日本は、この大潮流の中の一部にしかすぎない。日本が自然から離れる〝都市化〟の道をさらに進めば、後から続く中国、インド、インドネシアなどの大人口を抱える国々も、同じ道を進むであろうことは十分予想できる。日本の重電メーカーは今、それらの国々に原発の技術を輸出しようとしている。それによって、世界はより安全になる、と言えるだろうか？　その答えは、「否」である。福島第一原発の〝事故〟の原因は、技術の問題ではなく、制度や人間の問題だったことを忘れてはいけない。

〝冷戦〟の大きな影響

この大きな潮流の中で、生長の家の運動はどのような役割を果たしてきただろうか？　私たちは、戦後まもなく始まった〝冷戦〟というイデオロギー対立の時代には、明確に自由主義陣営の側に立った。それは、生長の家が元来「自由」を重んじる宗教であるから、当然といえば当然である。しかし、自由主義陣営を率いるアメリカは、同時に、「自由貿易」の旗印のもとに物質主義的な経済発展を推進する国でもあった。同国は多様で有能な人的資源に恵まれ、広大で肥沃な国土をもち、資源も豊富で、〝超大国〟の一翼を担う強大な軍事力を擁していたから、敗戦国・日本は、同国のほぼ言いなりになる〝親米路線〟を外交政策の基本としてきた。それは、具体的には、日本国内にアメリカの軍事基地を受け入れ、コストの多くを負担して〝不沈空母〟となるだけでなく、国際政治の舞台ではアメリカの政策を支援することであり、日本の技術や経済力をアメリカに提供することだった。もちろん、その代わりに日本が得たものは、日米安保条約による国の安全である。また、市民レベルでは両国間の理解と交流はかなり進展した。

この両国関係は長年継続したから、それを採用し続けた自民党は長期政権を維持することができた。しかし、その反面、ベトナムなどでのアメリカの戦争に対して基地を提供し、それにまつわる様々なコストを負担することと、それら戦争の正当性との矛盾が拡大してくると、日本国内には〝反米〟の形でナショナリズムが噴出することになった。これが、戦後日本特有のナショナリズムの〝ねじれ現象〟である。奇妙なことだが、他国においては国家の枠組みを超える思想を標榜してきた〝左翼〟勢力が、わが国では公害問題や米軍基地反対運動などを通して、ナショナリズムの受け皿となってきたのだ。もちろん、いわゆる〝右翼〟勢力がナショナリズムを表明しなかったわけではない。しかし、右翼のナショナリズムは自民党政府の「親米路線を妨げない」という条件によって制約されていた。言い換えると、良好な日米関係にとって有害なナショナリズムは、政権与党によって抑圧されてきたのである。自民党が、「自主憲法制定」を党是としながらも、政権党であるあいだは改憲に真面目に取り組もうとしなかったのは、このことを有力に証明している。

左翼の反米運動がナショナリズムの要素を含んでいることは、谷口雅春先生も気がつかれていたが、それは「冷戦」という特殊事情下の人為的操作によると考えておられた。別の言葉でいえば、反米ナショナリズムは、冷戦を勝ち抜く手段として〝左翼〟とその背後にいる社会・共産主義国が利用しているもので、〝真の愛国心〟ではないと考えていられたのである。

（前略）「新しき愛国心」は、表面なかなか反撃の余地のないほど堂々として立派なものでありますが、その根本は、西欧的な「個人」の幸福主義に立脚しているものであります。換言すれば個人の自由と幸福ほど尊いものはない。人類といえども、実は個人の集団であるという考えを基礎としています。彼らが人類愛というのは、個々の人間が自由と幸福とを確保することを得せしめる社会をつくるように行動し又は意志することであって、個人の幸福と自由とを縛るような国家というものは不要であるという考えを内部に有《も》っているのであります。新しい愛国心とは、「愛国心」といいますものの、実は「国家というものは不要である」という国家抹殺の考えにリードされていながら「愛国心」という美名によって、愛国者を既存国家の破壊の方向に導いて行こうとするのであります。

（『第二青年の書』、一四七～一四八頁）

しかし、「個人の幸福と自由とを縛るような国家というものは不要であるという考え」は、何も社会主義や共産主義の専売特許ではなかった。「西欧的な個人の幸福主義」は、アメリカ合衆国の建国の精神にも含まれている。だから、そのアメリカが〝押しつけた〟憲法を温存し続けることは〝真の愛国心〟にもとるということになる。

明治憲法復元に向けて

こういう認識を前提として、生長の家創始者の谷口雅春先生は、「大日本帝国憲法復元改正」という改憲論を唱えられた。右翼のナショナリズムとしては、類例のないドラスチックな現状変革の方策である。自民党が考えていた〝自主憲法〟は、基本的には現行憲法の改正条項に従って、その精神を尊重したままの条文改正であるが、雅春先生はあくまでも「明治憲法復元論」を正当とされた。その理由は、現行の日本国憲法がアメリカ占領下に〝押しつけられた〟ものであり、日本国民の自主性が反映されていない、と考えられたからである。だから、アメリカの関与がなく、日本人だけで起草され、決定され、敗戦時まで施行されていた大日本帝国憲法を一旦復活させ、それの条文改正によって、本当の意味での〝自主憲法〟が生まれると考えられた。ただし、明治憲法のどの条文をどう改正して、戦後日本の自主憲法とすべきかということについて、雅春先生はあまり語っておられない。これに関して特に重要なのは、明治憲法が軍の統帥権を政府と切り離して天皇に直属させていた点であり、これが軍の暴走を政治家が食い止められなかった大きな原因の一つであるという歴史的な評価を、先生がどう捉えておられたかは不明である。

そういう軍隊に関して、先生は必ずしも否定的でなく、逆に「現憲法第九条は自衛権も否定しているから破棄すべきもの」と考えられていた。つまり、軍隊はもつべきだと考えていられたのだ。ところが歴代の日本の（自民党の）首相は、「日本国憲法第九条は自衛権を否定していない」という解釈を打ち立て、それを維持することで、自衛隊を実質的に軍隊と同等の戦力をもつ規模にまで拡大してきた。この点で、雅春先生とは意見が異なっていた。

雅春先生が現憲法に反対された理由は、「戦争放棄」を定めた第九条に問題があると考えられたからだけではない。前文を含む日本国憲法の精神全体について、それが日本の伝統を否定し、〝唯物論的民主主義〟を謳歌する内容だと考えられたからである。先生は、議会制民主主義の考え方そのものについても、疑問を抱いておられ、時に歯に衣着せぬ批判をされた。それは、例えば次のようにである——

国民主権と議会制民主主義との間には根本的に矛盾が存在しているのである。国民ひとりひとりに主権があり、思想の自由、行動の自由、言論の自由、表現の自由が憲法の条項の上では許されているけれども、国民ひとりひとりはことごとくその物の考え方が異るし、従ってまた思想も異り、その希望するところも異り、その希望を自由に表現しようと思うならば、必ず他の人々の希望の実現と衝突する事実にぶつからざるを得ないのである。だから国民主権などというものは、単に絵に描いた餅みたいなものであって、実際には食べられる餅ではないのである。だいたい議会制民主主義によって国民ひとりひとりの主権の行使を国会に於ける代議士に委託しても、それによって自分の意志のように政治が行われる希望はほとんどないのである。

(『占領憲法下の日本』、四九〜五〇頁)

先生は、家の制度の廃止を嘆かれ(『続 占領憲法下の日本』二八〜二九頁)、教育勅語の復活を望まれ(『美しき日本の再建』、一六二〜一六八頁)、忠孝の精神の復活を唱えられ、「両性の合意のみ」(日本国憲法第二十四条)で結婚が行われることに反対された。これら戦後日本の諸制度の問題に関する当時の先生の著書の中には、『諸悪の因 現憲法』(一九七二年刊)という題名のものもあったほどだから、先生の現憲法否定がいかに全面的であったかが推察できるだろう。それゆえ、現憲法を温存して解釈だけで国の自衛権を認め、自衛隊の武力を拡大していくやり方では、先生のお考えでは、戦後日本の諸問題は何も解決しないどころか、現憲法の〝唯物論的民主主義〟を日本社会が維持し続けることになる。

とにかく、生長の家は、このような考え方にもとづいて「大日本帝国憲法復元改正」を最終的な目標として、生長の家政治連合[*2]（生政連）を結成（一九六四年）し、政治活動を展開した。しかし、この運動は、生長の家の代表をできるだけ多く政治の舞台に送り出すのが目的だから、日本のどこかで選挙があるたびに、生長の家の信徒は政治運動に駆り出され、真理や信仰を伝えるのではなく、政治目標を説いて回ることになる。そのためには新たな資金も人材も時間も必要となり、宗教活動はしだいに政治活動に従属していったのである。そして、国会において生長の家が進めていた優生保護法改正[*3]がかなわず、加えて参院選でも生長の家代表候補が落選したことを受けて、一九八三年七月、生政連の活動は停止され、「今後は教勢拡大にむけて全力をそそぐこと」が決定された。もう三十年近くも前のことであるが、私たちの運動史の中のこの〝政治の季節〟に体験した高揚感などが忘れられず、その頃の運動に帰りたいと思う人々は、少数だがまだいるようである。

〝政治の季節〟の終焉

さて、約二十年におよぶ〝政治の季節〟であったが、その中で私たちが行ったことはムダだったのだろうか？　私は決してそう思わない。この頃は、日本の現代史ではいわゆる〝六〇年安保〟から〝七〇年安保〟に至る政治混乱の時代だが、東西の冷戦を背景として、日本国内は政治的に真っ二つに割れていた。そして、政治的な国民組織としては〝西側〟（政権党側＝親米派）は劣勢に立たされることもあったのである。今では想像も難しいが、火焔ビンと鉄パイプで武装した学生たちと警察の機動隊とが街頭で衝突し、死者が多数出るような事態に至っていた。有名大学はほとんど左翼の学生によって封鎖され、学問は不能となり、歩道の敷石は学生達の投石用にはがされていた。そんな中で〝暴力学生〟の誤りを正面から批判し、国としてどう対応すべきかの方策を理論的に説かれたのが、谷口雅春先生だった。また、日本の文化・伝統が西洋に比べて決して劣るものではなく、むしろ優れた点を多くもつことを指摘され、

〝右側〟の人々に自信と勇気を与えられたのも、雅春先生だった。その意味では、生政連や当時の政治運動は臨機の対応としては必要であり、重要な役割を果たしていたと言える。

しかし、宗教本来の目的である「真理の宣布」が阻害されるような政治活動は、改めなければならない。また、〝東西冷戦〟の終結に伴い、世界を動かす大きな枠組みが変われば、宗教運動も当然、変わるべきところは変わらなくてはならない。こうして、生長の家の運動も、日本の政治状況の変革を目的とした「政治」色の強いものから、「信仰」の大切さを強調する信仰運動へと徐々に変化していったのである。ひと言でいえば、この「運動の変化」を実行されたのが第二代総裁、谷口清超先生[*4]だった。清超先生は、そういう変化が必要であることを副総裁のときから明確に意識されていて、一九八五年十一月二十二日の生長の家総裁法燈継承の記念式典において、「自分は雅春先生の教えの一言一句を繰り返して説くことはしない」と明言された。私はこれまでも、このことには何回も触れてきたが、重要なことなので清超先生のお言葉を、再びここに引用する——

世の中には、「継承」ということを何か誤解している方もいらっしゃいまして、谷口雅春先生のお説きになった一言一句をその通りまたくり返しお伝えするのであろう、かの如く思われる方もおられるかもしれませんが、実はそういうものではないのであります。つまり、教えの神髄の不立文字《ふりゅうもんじ》をお伝え頂き、それを継承するということでありまして、（中略）真理というのは、その時その時に応じて色々な相《すがた》をもって展開されねばならない。そこがイデオロギーや運動方針とは違います。イデオロギーならば色々と文字に書きあらわすこともできるかもしれないが、それは「真理そのもの」とは違うのです。そこの所をよく諒解していただかないと、過去の歴史を繰り返せよということを、相承と思い違えたりする。この点は皆さんにも充分ご理解いただく必要がある。そしてこれからの運動はやはり中心帰一の原理を説く生長の家の運動でありますから、中心帰一を守りつつ大いに大々的に展開していきたいと念願している次第であります。

（『新編 聖光録』、二九六〜二九八頁）

さて、このようにして大急ぎで生長の家の運動に関わる現代史の一期間を振り返ってみると、私たちが今いる位置がより鮮明になってくる。この時期には、人類の環境破壊と冷戦とが〝車の両輪〟のように進んだのである。人間が自然界を道具とし、自然界から奪うことによって幸福が訪れるという物質主義的幸福論が、米ソ両超大国に共通して存在した。それと共に、イデオロギーの異なる者同士の共存は不可能だとの共通認識があった。この二つの考え方から、「地球」という一定の〝パイ〟を目の前にして、そのどれだけ大きな部分を自国の勢力範囲におさめるかの争いが起こった。ところが、かつての世界史と異なる点は、大戦後まもなく核兵器という〝究極の兵器〟が開発されてしまったことだ。このため、一時代前ならば戦争によって決着がついたこの種の争いが、そうできない時代に入っていた。そこで米ソが何に訴えたかというと、それは直接には核兵器を用いない〝総力戦〟だった。すなわち、両超大国は軍事力のみならず、政治力、経済力、技術力、情報力、学問、文化、スポーツ……などすべての面で相手と対峙し、相手を圧倒することで、自国の安全を保障しようとした。核兵器のナイフを相互に相手の喉元に突きつけながら、これをやるのである。それが冷戦である。人間の心がつくり出した恐怖と競争の牢獄である。「敵対勢力の圧倒」が何にもまして優先されれば、当然のこととして、自然界は冷戦を戦うための道具と化してしまう。こうして公害問題は深刻化し、水力、火力、原子力の発電所は競って増設され、そこでの事故も起こることになった。

冷戦の終焉

ところが、一九八九年の〝ベルリンの壁の崩壊〟をきっかけにして、この世界的枠組みである〝冷戦構造〟は崩壊していくのである。思想や経済の統制によって相手を圧倒しようとしていた社会主義・共産主義のイデオロギーは敗北し、思想・経済の自由を重んじた自由主義・民主主義の考え方が世界の〝共通通貨〟になっていった。だから、各国において、〝仮想敵国〟をつくって相手を力で凌駕することに専念する必要は薄れていった。すると、それまでは冷戦という〝大きな争い〟のために抑圧されてきた、様々な〝小さな争い〟――その多くは、古い植民地主義の遺産が背景にある――が表面化することになる。それらは民族対立であり、宗教対立であった。こうして湾岸戦争（一九九〇～一九九一年）が起こり、ユーゴスラビア紛争（一九九一～二〇〇〇年）が戦われ、イラク戦争（二〇〇三～二〇一〇年）が行われた。また、これに絡んで、稀少資源の獲得競争も激しさを増していったのである。

日本国内に目を向けると、しかし従来と同様の左右の政治的対立が依然として続いていた。〝左翼〟の親玉であるソ連が崩壊し、中国も実質的に資本主義を受け入れているにもかかわらず、共産主義や社会主義から派生した政治勢力は日本の国会に一定数の議席を占めていた。しかし、もはや〝左側の唯物論〟からの脅威が消失したことは明らかだった。その代わり、〝右側の唯物論〟が世界を席捲《せっけん》しはじめたのである。〝右側の唯物論〟とは、多国籍企業の発展や金融・資本のグローバル化の背後にある一つの考え方を指している。私はここで、すべての多国籍企業、すべての国際金融機関が唯物論に根差していると言っているのではない。が、これらの企業・機関の行動原理が「利潤の追求」であり、時にそれしか考慮されないかぎりにおいて、企業活動の倫理や、労働者の人権への配慮がないがしろにされる事例（例えば、ナイキのアジアの工場での若年労働者雇用）が数多く指摘されてきたし、最近でも指摘されている（例えば、アップル社の製品を作る中国人労働者の待遇等）。また、自然破壊や温室効果ガスの排出などの環境倫理については、ほとんどの企業はイメージ戦略の一部として捉えるのみで、自らの利潤追求の目的を優先させているのが現状である。

自然から奪うグローバル化

こういう中で起こっているのが、当初の予想を上回る速度で進んでいる地球温暖化と気候変動である。技術革新にともなうグローバリゼーションの進行は、地球上の距離と時間を事実上減らす方向に進んでいるから、経済の分野では、先進国の産業の重要な一部が人件費や土地の安い途上国へ移行する動きを生み出している。いわゆる経済の〝空洞化〟である。これによって、途上国の経済が発展し、国民の生活レベルが向上するという〝光明面〟は確かにある。しかし、エネルギー消費に注目すれば、先進国から途上国へと工場が移転しただけでなく、途上国での人々の生活レベルの向上によってエネルギー消費も増加するから、地球全体では技術革新が温暖化を促進する結果となっていると思われる。また、製造業の多くが海外へ流出しつつある先進諸国では、スキルを持たない労働者が大量に失業する現象が起きており、スキルのある労働者との〝格差問題〟が深刻化している。そんな中で、日本では〝人口の高齢化〟と〝地方の過疎化〟が進んでいる。このような社会状況は、道路や橋などのインフラ整備で問題が簡単に解決するとは思えない。

世界人口が七十億を超えた中で、人々の経済レベルが全体として向上し、資源・エネルギーの消費が増大して自然界の安定性を破壊しつつある時、問題の解決を従来同様の公共投資や経済発展で切り抜けることはできない。それは、かえって地球温暖化と気候変動の〝火〟に油を注ぐことになる。自然界を犠牲にして、人間だけが発展したり、幸福になることはできない。このことが実感として理解できる人間がいるあいだは、人類の自然破壊にはまだブレーキがかかるだろう。しかし、世界人口の半分が都市に住むようになった今から後は、子供の頃に自然の中で遊んだ記憶をもつ人々が急速に減っていくだろう。幼い頃、自然との切実な触れ合いを経験しない人間は、自然の破壊や自然からの略奪に心の痛みを感じない。それでいて、都会では孤立し、他を傷つけて自分も傷つき、アトピーを発症し、精神の安定を得ることができない。すべてを「買う」ことによってしか得られない人たちは、鉛筆を削れず、リンゴの皮をむけず、動植物の名前を知らず、ロープを結べず、ノコギリを使えない。そういう人間が増えることを〝経済発展〟といい〝幸福の増進〟と考える政治家がいたとしたら、その人はどうかしているのである。

私たちは今、人間が自然から奪うことによって幸福が訪れると考える物質主義的幸福論に別れを告げなければならない。「奪うものは奪われる」という心の法則によって、人類が自然災害の犠牲になるケースが増えていることに気づかねばならない。ゲリラ豪雨や山地の深層崩壊、竜巻の襲来、そして東日本大震災を経験してもなお、「自然を征服することで人間は幸福になる」との夢を見続ける生活から脱し、自然との一体感を回復し、「自然との大調和の中にこそ幸福がある」とのメッセージを伝える時機に来ているのである。それは古いながらも、人類に光明を与える福音であり、エネルギーや資源の奪い合いから人類を引き戻す平和の運動である。私たちの運動は、こうして発祥以来、対象や方法は変化しても、「人類光明化」と「大調和の実現」という目標を変えることなく、時代の要請に応えて力強く進もうとしているのである。

鎮護国家から世界平和へ

このような世界情勢の理解と分析を前提として、生長の家の国際本部は二〇一二年十一月に「運動の変化」を意味する次のような三つの方策を決定した。

①生長の家総本山の祭祀の重点を「鎮護国家」から「世界平和」へ移す。
②運動年度を国際的に統一し、従来の行事を整理し、〝森の中のオフィス〟の中・長期的ヴィジョンにあわせて新しい行事を導入する。
③世界平和実現に必要な「万教帰一」の象徴として、神像を国際本部に移設する。

この変化を説明するためには、世界と国内情勢の変化、それに伴う過去の運動の方向性について、もう少し詳しく述べなければならない。

谷口雅春先生ご夫妻が東京から長崎へ移住されたのは一九七五年（昭和五十年）一月十三日で、その後、ご昇天まで約十年間を雅春先生は長崎・西彼町で過ごされた。その間、一九七八年（昭和五十三年）十一月二十一日に龍宮住吉本宮の鎮護国家出龍宮顕斎殿が落慶し、この時、生長の家九州別格本山は「生長の家総本山」に改称された。そして、一九八一年十一月には同霊宮が落慶するとともに、生長の家温故資料館も完成した。さらに、翌年九月には「七つの燈台」が完成した。

先生ご夫妻が長崎に移住された頃は、東西冷戦は〝デタントの時代〟[*5]（一九六九～一九七九年）から〝新冷戦〟[*6]（一九七九～一九八五年）に向かっていた。ベトナム戦争（一九六五～一九七三年）は終っていたものの、一九七九年のソ連によるアフガニスタン侵攻によって東西関係は再び悪化し、一九八〇年にモスクワで行われたオリンピックを西側諸国はボイコットした。これに対して東側は、四年後のロサンゼルス・オリンピックをボイコットした。しかし、この頃から、東西の二陣営に対して、〝第三の勢力〟が国際政治に影響力を及ぼし始めるのである。それは「イスラーム原理主義」である。アフガニスタンでは、ソ連軍の強大な兵力によっても、アメリカの援助を受けた「ムジャヒディーン」の抵抗運動は長期にわたって継続し、これがソ連の財政状況を悪化させて、間接的に冷戦の終結とソ連の崩壊に結びついた。また、一九七九年に起こったイラン革命では、冷戦のもう一方の〝首領〟であるアメリカの大使館が一年以上も占拠され、大使館員救出のための米軍の介入も失敗した。イラン革命の一年後、米ソに支援されたイラクがイランと衝突するイラン・イラク戦争が勃発。一九八七年には、これに米軍が介入したが結局、勝敗は決まらなかった。

冷戦の終結は一九八九年である。この年、ソ連は泥沼のアフガンから完全撤退し、世界での影響力が急速に衰えていく。ポーランドではポーランド統一労働者党が失脚して政権が交代し、ハンガリー、チェコスロバキアでも共産党体制が崩れ、夏には大量の東ドイツ国民が西ドイツへ脱出した。これが、十一月九日の〝ベルリンの壁崩壊〟につながるのである。また、ルーマニアでも革命が勃発し、ニコラエ・チャウシェスク大統領夫妻は射殺された。そして一九八九年十二月には、地中海のマルタ島で、ソ連のゴルバチョフ書記長とアメリカのジョージ・H・W・ブッシュ大統領が会談し、冷戦の終結が宣言された。

すでに述べたことだが、生長の家が政治団体まで結成して〝反左翼〟の運動を大々的に展開した最大の理由は、冷戦の影響による国内の〝東西対立〟――共産主義・社会主義陣営と自由主義陣営の対立――により、日本社会が騒然となり、治安状態も悪化して、一時は〝暴力革命前夜〟の様相を呈したからである。このような社会状況の原因を、谷口雅春先生は戦後、アメリカによって押しつけられた〝占領憲法〟にあると考えられた。先生は、日本国憲法が規定する「国民主権」や「戦争放棄」を温存したままでは、〝唯物論的民主主義〟が跋扈《ばっこ》し、日本国家は東側陣営の内外からの攻撃に耐えられないと危惧されたのである。だから、その憲法を日本の首相が「無効」と宣言し、明治憲法を一旦復元することによって「天皇主権」を回復し、国防と治安を強化することで〝赤色革命〟の危機から脱しようとされたのである。この危機感のゆえに、「鎮護国家」という言葉が採用されたと思われる。

鎮護国家の意味

そもそもこの言葉は、仏教経典である『金光明経《こんこうみょうきょう》』に由来する。その意味は、「天変地異や内乱、外敵の侵入にあたって、仏教経典を講読祈願したり、真言密教による秘法を行って国家を守護することをいい、広く仏法によって国家を護る」（平凡社『世界大百科事典』）ことが意図された。仏教が中国に伝わり、教団勢力が大きくなると、国家がこれを保護・統制し、利用することになった。特に南朝末の陳の文帝は、『金光明経』四天王品にもとづく鎮護国家思想を表明した。また、隋・唐時代には、大興国寺、大安国寺、鎮国寺などの名称で寺院が建立されたことは、仏教と国家との密接な関係を示している。日本では東大・西大二寺、延暦寺や東・西寺が同様の考えのもとに建てられ、永平寺や安国寺も鎮護国家の思想から建立された。生長の家は、この仏教思想を神道形式の龍宮住吉本宮に導入したという点で、万教帰一の本領を発揮したと言える。

しかし、すでに見てきたように、〝左翼思想〟や社会・共産主義国家（左側の唯物論）から日本の国を護るという意味では、冷戦の終結によって脅威が薄れたことは否めない。では、それ以外の何からの鎮護国家であるかと考えれば、それは〝占領憲法〟を押しつけた〝西側の唯物論〟からの安国であり、鎮国であったと思われる。しかし、これも自民党が日米安保条約とその恩恵としての経済成長路線を堅持する方針を貫いていたため、生政連活動を通して自民党を支持してきた生長の家は、日本国憲法を〝諸悪の根源〟と呼びながらも、〝西側の唯物論〟（アメリカ）を敵視し、さらには排除することは論理矛盾を引き起こし兼ねず、徹底することができなかった。また、そのような〝反米〟や〝反資本主義〟の旗印は、逆に〝左翼〟の側が握っていたから、「反左翼」を鮮明に打ち出していた生長の家には、政治的に採用できないスローガンだった。さらに言えば、生長の家はもともと「大調和」の教えだから、本当の意味ではその必要はなかったのである。こうして冷戦終結後、運動の中での「鎮護国家」の意味合いは具体性を失い、しだいに抽象化していったのである。

だから、冷戦終了後二十年以上経過した現在、生長の家総本山の祭祀の重点を「鎮護国家」から「世界平和」へ移すとの決定が行われたことは、遅きに失したとも言えるのである。

生長の家の「鎮護国家」

もちろん、この二つの目標は相矛盾するものでは必ずしもない。事実、谷口雅春先生は、龍宮住吉本宮における「鎮護国家」の意味を、日本国の安泰や日本国内の安寧だけに限定されてはいなかった。それよりもむしろ、「日本を通して世界平和を実現する」という強いご誓願を込められていたのである。そのことは、同本宮の落慶大祭のとき先生が唱えられた「鎮座降神詞」の中に明確に表現されている。同本宮の御神体は「護国の神剣」であるが、この「護国」とは、日本国家を外敵や外国思想から護るという意味では必ずしもないことが、祝詞の次の文章を読めば分かるだろう――

掛けまくも綾に畏《かしこ》き住吉大神、龍宮実相世界の天津《あまつ》御座《みくら》より、此の瑞《みづ》の御殿《みあらか》龍宮住吉本宮の、御神座に奉安し奉る。

ここに〝護国の神剣〟に、大神の尊き神霊《みたま》を天降し給ひて鎮座《しづまりま》してこの神剣を世界平和の核として、この神剣より世界全部に輝くところの平和の霊光を発し給ひて、まことに地上に天国を創造給《つくりの》へと請ひ祈み奉らくと白《まを》す。（後略）

（『生長の家』一九七九年二月号、三三頁）

この祝詞の文章には、左翼思想を表す「赤き龍」とか「唯物思想」などの言葉がないどころか、「日本国」や「わが国」など、日本を表す言葉も一切含まれていない。そのうえ、「護国の神剣は世界平和の核」であるとの明確なメッセージで統一されている。同じ祝詞の後半の文章には、次のような箇所もある——

今ぞ護国の神剣に天降《あも》りましたる住吉大神の神霊《みたま》より平和の霊光世界全部に広ろがりまして、洵《まこと》に地上に天国は創造せらる。明日より、凡《すべ》てのことは浄まりまして、世界は別の姿を現すのであります。有難うございます。有難うございます。

（同誌、同頁）

もちろん、「護国」の二文字は「神剣」の修飾語として使われているから、ここには「現象としての日本国家を外国から護る」という意味合いが含まれていると解釈することはできる。しかし、その反面、御神体が「剣」であって「刀」でないことの意味を、雅春先生は何回も語られてきた。それを思い起こすと、私たちは生長の家の運動が日本国家の独自性の擁護などというナショナリスティックな狭い目標に限られていないことに気づくはずである。

このような指摘は、生長の家が生政連運動を推進していた頃の谷口雅春先生のご文章を記憶している人々には、恐らく意外に感じられるかもしれない。しかし、「鎮座降神詞」に込められた先生の最大の願いは「世界平和」だったということは知っておくべきである。

「護国の神剣」は両刃の剣

　また、一部の読者は、「護国の神剣」が龍宮住吉本宮の御神体なのだから、その「護国」とは、最終的には世界平和を目指しているといっても、その前提として「日本国を護る」という意味があり、それが最優先されると解釈されてきたかもしれない。が、これに関しても、現象としての日本の国の防衛が私たちの運動の最優先課題ではないことを知らねばならない。谷口雅春先生は、「護国」という言葉の次に来る「神剣」の意味を解釈されて、それが「刀《かたな》」ではなく「剣《つるぎ》」である点に注意を喚起されている――

　〝剣〟は〝片無〟(刀)ではないのであって、敵を切るために、敵に向う一方にのみ刃がついていないで、自分に向う側にも刃がついていて、真ならざるもの、美ならざるもの、善ならざるものがあれば自分をも切るのが、剣のハタラキであります。これが地上に平和をもち来らし、最後の審判によって、新しき天と地とをもち来す住吉の世界を創造する神剣のはたらきである。

（『神の真義とその理解』、二〇六頁）

両刃《もろは》の剣はそれを使うとき、使う側の人間をも切る――この解説は大変重要である。これを国家のレベルで表現すれば、どうなるだろう？　それは、〝護国の神剣〟といえども、一国が神の御心に反する行為をした場合、この剣は自国をも切るということだ。国家の現象的行為のすべてを容認しつつ、敵の攻撃から自国を護るという意味ではない。現象の国家としての日本が戦争をした場合、それがどんな目的で行われ、またどんな手段で戦われても、その戦争に日本が勝つことによって真の世界平和が実現するなどという意味ではないのである。

大東亜戦争における日本の敗戦の年、一九四五年十一月二十七日に谷口雅春先生に十年ぶりに下った神示（終戦後の神示）には、戦前の日本の軍事優先の考え方が間違っていたため、「負けたのも仕方がない」と明確に書かれている――

> キリストはわれの別名であるから、キリストを押し込めたのが可《い》かぬのである。陸前の鹽釜《しおがま》神社でも香取鹿島の神を正面にして、鹽釜の神を傍《かたわら》に押し込めてある。軍国主義の神を正座に置いて、平和の神を別座に一段下におとしてあるのが今までの日本の姿であったのである。このような状態では日本が負けたのも仕方がない。（中略）
>
> まだ日本の真の姿はあらわれていない。今は伊邪那岐神《いざなぎのかみ》の禊祓《みそぎはらい》のときである。伊邪那岐神は日本の神、日本の象徴である。これから八十禍津日神《やそまがつびのかみ》、大禍津日神《おおまがつびのかみ》など色々の禍《まが》が出て来るが、それは、日本が『穢《きたな》き』心になっていたときの汚れが落ちる働きであるから憂うることはない。この禊祓によって日本国の業が消え、真に浄まった日本国になるのである。
>
> （『祕められたる神示』、四～五頁、原文は旧漢字、歴史的仮名遣い。以下同）

これと同じ趣旨のことは、同年十二月二十八日に下された「日本の実相顕現の神示」にも明確に示されている。

世界一環互《たがい》に手と手を繋ぎ合って、しっかりと和する心になっていたならば戦争もなく敗戦もなく、実相無限の円満調和世界が実現する筈であったのに、当時の日本人は気が狭くて島国根性であり、排他的精神で、我慢自慢独善精神に陥り、それを日本精神だと誤解して、一人よがりに易々《いい》加減《かげん》な気持になって、遂に世界を敵として戦うようになったのである。排他の心は、他と自分とを切り分ける心であるから、切る心は切られる心と教えてある通りに自分が切られる事になったのである。切る心は三日月の心であり、利鎌《とがま》のように気が細く、角だっていて、空にあらわれている時間も少く、その光も弱く、直《じき》に地平線下に沈んでしまう心である。心の通りに日本の国が沈んでしまっても、それは日本人の心みずからの反映であるから、徒《いたず》らに失望、落胆、放心してしまってはならない。

（前掲書、一二七〜一二八頁）

私はここで、雅春先生が現実の日本国家の行く末に無関心であられたと言っているのではない。日本国家の安泰が運動の最終目標ではなかったと言っているのである。しかし冷戦の時代には、日本国家の政治状況は憂うべき状態だったから、大きな危機感をもたれていた。すでに述べたことだが、当時の先生は、日本国憲法によって天皇が「象徴」という地位に置かれたことを憂えられ、それによって日本のみならず世界が〝天之岩戸隠れ〞の状態になっていると考えられ、大日本帝国憲法の復元改正を望まれていた。しかし、そうすることが日本国の実相顕現につながるとしても、それを具体的にどのような筋道で、どのような方策によって成し遂げるかについては、ほとんど述べられなかった。この祝詞もその例外ではなく、大変抽象的な表現が使われている——

ついに天皇は、豊葦原の瑞穂の国治《しろ》しめす御使命の御座より単なる〝象徴〞という空座に移され給い、恰も天之岩戸隠れを再現せるが如き暗澹《あんたん》たる国情に陥りて、その隙に乗じて〝赤き龍〞の輩《やから》、日本国の四方に回りて爆弾騒ぎなどさまざまの策動をなし、革命の焔、いつ燃えあがるとも計り知れざる実情とはなりぬ。
　このとき、住吉大神を、かく実相世界の秩序に基いて顕斎し奉《たてまつ》る所以は、大神の本来の国家鎮護皇国護持の御使命を完全に発動され給わんことを希い、日本国土より、すべての妖雲暗雲を悉く祓い清め、天照大御神の御稜威《みいつ》六合に照り徹りて、神武天皇建国の御理想は実現せられ、八紘は一宇となり、万国の民悉くその御徳を中心に仰ぎ奉りて中心帰一、万物調和、永久平和の世界を実現せんことを期し奉るがためなり。

（前掲誌、三五～三六頁）

　前掲の祝詞の引用箇所には、しかし〝赤き龍〟の輩がことごとく祓い清められた後の世界情勢がどうなるかの具体的記述はない。日本神話由来の言葉をつなぎ合わせて、その後の世界はほぼ自動的に「中心帰一・万物調和、永久平和の世界」が到来するかのようである。誤解のないように言えば、私はここで、谷口雅春先生が冷戦後の世界情勢を予測しえなかったことを批判しているのではない。当時は〝赤き龍〟の脅威がそれほど強く感じられていて、それさえ払拭されれば世界情勢はとりあえず好転すると感じていられたのだろう。世界情勢の変化というものは、それほど予測困難であり、かつ大規模なものだ。運動の創始者がそこまで見通せなかったことをよしとして、〝古巣〟の居心地に固執して運動の変化を拒否するのが弟子の役割でないことは、言うまでもない。

唯物思想が生んだ地球温暖化

さて、このようにして谷口雅春先生の熱き願いによって地上に建設された龍宮住吉本宮であったが、落慶から十一年たって冷戦は終結し、〝赤き龍〟からの脅威は事実上消滅した。しかし、もう一方の問題である「唯物思想」に関しては、それから二十五年たった今日でも落慶当時から状況はあまり変わらないか、さらに悪化しているようにも見える。つまり、物質的豊かさの追求が人生の目的であり、物質が人間の幸福を生み出すとの考え方は、日本を含めた〝西側諸国〟においてはいまだ趨勢を占めている。その中で、〝赤き龍〟の後継国であるロシアや中国にあっては、この考え方は、当時よりむしろ拡大していると感じられる。加えて、中南米、中東、東南アジア諸国では、経済発展があたかも〝最高の善〟であるかのような声が高まっている。そして、これらすべての動きの総合的な効果として、地球温暖化と気候変動が進行しているのである。

だから、〝赤き龍〟が排除された今日、生長の家が総本山の祭祀の重点を「鎮護国家」から「世界平和」に移し、この地を〝自然と共に伸びる〟ための生き方を研鑽する道場として改めて位置づけることは、雅春先生が念願された〝唯物思想の排除〟による人類光明化を、二十一世紀の文脈の中で遂行するための有効で、有力な方法であると言えるのである。ただし、今の時代に私たちが問題にする「唯物思想」とは、当時のように〝左側〟に限定されてはいないし、むしろ〝西側〟に顕著に現れている。つまり、私たちの生活の中にごく普通に見出されるものである。例えば、有名ブランドへの偏愛や肉食を含む〝飽食〟の現象の中にそれがある。また、食品のムダなどの過剰な消費生活がそれであり、労働者の福祉を度外視したような生産形態や、環境破壊を省みない過度な効率優先の生き方の中にもそれがある。私たちは、そのような現象が「日時計主義」をひろめ、それを多くの人々が実践することによって是正されていくと考える。

ところで、生長の家の一部の講師の中には、龍宮住吉本宮の落慶と冷戦の終結の間に因果関係を読み取ろうとする人もいるらしい。が、すでに述べたように、前者は一九七八年で、後者はその約十年後である。落慶後には、残念ながら〝新冷戦〟と呼ばれる対立の時代が再び始まったのである。そして、冷戦終結の大きな原因はイスラーム勢力と民族主義の台頭、そしてソ連の弱体化である。この辺の国際情勢と国内政治、そして生長の家の活動との対応については、巻末の年表を参考にしていただくと分かりやすいだろう。

宗教目玉焼き論

私がここまで描いてきたことをひと言でまとめれば、「時代や環境の変化とともに宗教運動も変わらなければならない」ということである。それは何も生長の家に限ったことではない。多くの宗教が、とりわけ「世界宗教」と呼ばれる信仰運動はほとんどすべてが、長い歴史の中で何回も変化をとげつつ、今日にいたっている。そして生長の家の運動も、まさにこの同じ理由によって変化してきているのである。

これは決して、生長の家が説く〝真理〟が変化したのではない。このことは、私が生長の家講習会を含めたあらゆる機会に、繰り返し説明してきたことだ。真理は不変であるが、それを伝える方法や工夫は、時代や環境の変化に対応していかねばならない。ここでそのことを詳しく説明する紙面的余裕はあまりないが、かつて山口県での講習会で、参加者が宗教の儀式や様式について質問した際、それに答えて私が行った説明を以下に掲げることにする。これについてさらに関心のある読者は、拙著『信仰による平和の道――新世紀の宗教が目指すもの』(二〇〇三年刊)の第一章などを参照してほしい。

この「儀式」や「様式」というものは、宗教の〝周縁〟に属するものである。

私は、宗教を〝目玉焼き〟のように二重構造にとらえる考え方を提案しているのですが、その場合、儀式や様式などは目玉焼きの〝白身〟に当たる「周縁部分」ということになります。儀式や様式は「形に表れている」から比較的分かりやすいのです。これに対して、宗教には「中心部分」があると考えます。これは〝目玉焼き〟の〝黄身〟に当たるところで、宗教上の真理の「核心に触れる部分」だと考えてください。先ほど実相と現象の話をしましたが、この真理の核心に触れる部分——〝黄身〟の部分——は「実相」や「真理」に該当する。これらは、言葉を尽くしてもすべてを説明しきれないものです。仏教の禅宗には「不立文字」という言葉があります。「真理そのものは文字を立てて表現することはできない」——言葉では言いつくせないという考え方です。この「真理そのもの」が宗教の中心であると言える。

しかし一方で、言葉を使わない宗教は存在しません。仏教の数多くのお経もキリスト教の『聖書』もイスラームの聖典『コーラン』も皆、文字で書かれているわけです。だから「宗教の教えの神髄は文字で表現できない」といっても、教えを伝えないわけにいかないから結局、文字や言葉で説明せざるをえないわけです。こうして、真理（目玉焼きの黄身）を衆生（一般信徒）に説明するための文字を含めた様々な工夫――周縁部分（白身）――が生まれてくる。伝道の手段として、いろいろな言葉や文字、いろいろな方法が使われる。これは書物であったり、修行の方法であったり、そして儀式であったりする。宗教では、そういう工夫を様々に凝らして、衆生を真理に早く到達させるための〝周縁部分〟ができ上がってくるのです。だから私は、宗教は「真理」と「それを伝える手段・方法」という二層構造になっていると考えるのです。そして、この周縁部分は、各宗教によって違うのです。簡単な例を挙げれば、仏教のお坊さんの服装や、祈りや儀式でどんな言葉を唱えるかということと、キリスト教の牧師さんがどんな恰好をし、何を読んでどう教えを説くかということは、全く違うこともあるわけです。

しかし、生長の家では「真理を伝える工夫は皆、違うけれども、その工夫によって伝えようとしている真理は基本的に同じだ」と考えるのです。ですから、「神」と「仏」という言葉の問題を言えば、神の御徳はそれこそ無数にあるけれども、その御徳の特定の側面を強調して「仏」として観ずる――そういう面があるのです。仏の御徳も数限りがないと言われるけれども、「神」では強調され「仏」では強調されない面もある。

例えば、仏教では一般に、仏は「世界を創造する」とは考えない。〝世界〟は初めから在ると考える場合が多いようです。しかし、その代り仏教では「慈悲の心」が強調されたり、「執着からの解放」――つまり、自由自在の障碍のない境涯が強調され、そこへ救いとるものを「仏」と称することがある。しかしそれが「神の愛」とどれほど違うかというと、私はそれほど違わないと思う。同じものを、一つの角度から見ると「仏」に見えるけれども、別の角度から見れば「神」に見える――そういう違いにすぎないのであります。

(『生長の家ってどんな教え？――問答有用、生長の家講習会』、一九三～一九六頁)

これが、私が「宗教目玉焼き論」と呼んでいる考え方の骨子だが、それは私の発明でも何でもない。谷口雅春先生は『生命の實相』頭注版第三十九巻仏教篇の「はしがき」で、宗教の「神髄」と、その宗教が拡大する際に派生する「幾多の時代的、場所的、民族的粉飾または付加物」とを明確に区別され、宗教間の対立は、前者を重用せず、後者の違いを強調することから生まれるという分析を打ち出されている。私の説明は、先生のこの卓越した分析を視覚的にわかりやすく再構成したにすぎない。

生長の家は「文書による伝道」を主たる手段の一つとして布教してきたため、古くからの信徒の中には、文書で表現された真理――つまり、書き言葉による真理の表現が、真理そのものであるとの印象を得ている人が少なくない。しかし、書き言葉も時代的、場所的、民族的制約から逃れることはできないのだから、それによる表現そのものが宗教の神髄でないことに気がつかねばならない。すでに言及した禅宗における「不立文字」の考え方は、まさにそのことを指摘していることは、谷口清超先生が繰り返し強調された通りである。

以下の文章は、私が生長の家の幹部の人たちに対して、同じことを別の角度から述べたものである。

〃コトバの力〃を正しく理解する

皆さま、ありがとうございます。（拍手）

今日の集まりは「生長の家代表者会議」という名前がついています。本当は、生長の家の関係者がすべて集まることができればいいと思うのですが、会場や日程の都合でそうはいかない。そこで、「代表」のみが集まる会議になっています。代表の皆さまは、遠い所からも近い所からもお越しいただいていますが、大切なことなので、新しい五カ年計画の運動方針を説明させていただいたわけです。

この会議に以前から出席されている方はお気づきと思いますが、ここで説明される運動方針書は年ごとに薄っぺらになっています（笑い）――そういう現象があります。昔の代表者会議では二日間もかけていました。その頃は、分厚い運動方針書の長い文章を、長い時間かけて読んでいたので、辟易《へきえき》した人もいると思いますが、最近は合理化が進んでいます。少し工夫して、本当は内容的に盛りだくさんあるものを短くまとめるようになってきました。ですから、先ほど質問にもありましたように、「ちゃんと書いてないじゃないか」という不満も出てくる。これは「言葉で表す」という行為の宿命みたいなものでありまして、長ったらしく書くと嫌がられるし、短く書くと不満に思われる（笑い）。その辺は、現象表現というものの逃れられない制約なのであります。

宗教の教えでも同じことが言えるのでありまして、「不立文字《ふりゅうもんじ》」という言葉がある一方で、「万巻の書物」が真理を表現しているわけです。宗教の神髄は文字を立てて表現することはできないけれども、しかし、それを伝えるのが宗教の目的ですから、どんなに困難であってもそれを文字によって表現しようとして、大部の教典や書物が生まれるのです。このように言葉で表現することの難しさは、講師の先生は十分お気づきのことだと思います。これは、宗教運動にはどうしてもついてくる問題です。

コトバの表現は人・時・処で変わる

今日は、生長の家でよく使われる「コトバの力」ということを確認してみたいのです。この言葉は、皆さんはもう耳にタコができるくらい聞いていると思いますが、今日の運動方針書にも「コトバの力」は込められています。そして、それが具体的に展開していくと、皆さま方の教区や各国でのお仕事、つまり光明化運動になっていく。その時に、「運動方針書が短いのだから、真理の言葉も短く言えばいいんだ」ということでは困る(笑い)。「コトバの力」ということを、生長の家ではそういう文字通りの意味で使ってはいないのです。これは、昔から講師をなさっている方にとっては「釈迦に説法」になるかもしれませんが、重要なことなので確認したいのであります。

谷口雅春先生の書物を読みますと、「コトバ」というものを説明するのにいろいろな表現を使われている。それらがすべて統一されているわけではないので若干、分かりにくいところもある。私は講習会では、カタカナで「コトバ」と書いて、それがどういう意味であるかを説明しています。これは、白鳩会総裁もなさっていることです。しかし、この表現形式は、必ずしも全ての聖典で厳密に統一されているかというとそうでもない。ちょっと違うこともないわけではない。それはやはり、その時の臨機応変の表現で変わってきているのです。

特に、生長の家では、聖書の『ヨハネによる福音書』第一章にある「初めに言《ことば》があった。言は神と共にあった。言は神であった」というところから説き起こされているので、もし「言葉が神だ」と文字通りに受け取ると、私たちは神を信仰する運動ですから「言葉を信仰するんだ」（笑い）という短絡的な誤解をすることにもなる。ですから、言葉にもいろいろな意味があるということを忘れてはいけません。

宗教というものは、主として言葉によって伝わっている。この場合の「言葉」の意味は、発声音と文字を含めたものです。もちろんそのほかにも儀式とか、修行とか、あるいは文化とともに宗教は発展してきています。しかし、一番重要視されるのは言葉である。だから、宗教の世界では聖書とかコーランとか仏典など、言語によって表現されたもの――つまり、言葉を書き写したもの、そして後代には印刷したもの――そういう「記録された言葉」を重要視するという伝統が世界中で行われたし、今でも続いている。

これも私が講習会でときどきする話ですが、聖典のどこに何が書いてあるかを根拠にして、現在いろいろなことが世界中で行われていますが、その中にはあまり好ましくないこともある。テロリズムや女性蔑視も行われている。そういう問題をどう考えるべきかについて、私の本では『信仰による平和の道』（二〇〇三年刊）に詳しく書いてあります。問題はどういうところにあるのか。その理由を書いた文章を引用します。一〇頁です。

普通我々が使う言葉は、日常に普通に存在する事物や人、それらの関係を表現するためのものである。それに対して、宗教で取り扱う重要なことの多くは、「神」や「仏」や「霊」というような日常生活とは少し次元の違うものである。言い換えれば、普通の言葉は日常の〝俗事〟を表現するためのものだが、宗教は〝聖事〟を取り扱うのである。しかし、何によって〝聖事〟を取り扱うかというと、それは言葉による以外にないから、「俗を扱う道具によって聖を説明する」という一種の〝離れ技〟を行うのである。これが、宗教の教典や聖典の使命である。

（同書、一〇頁）

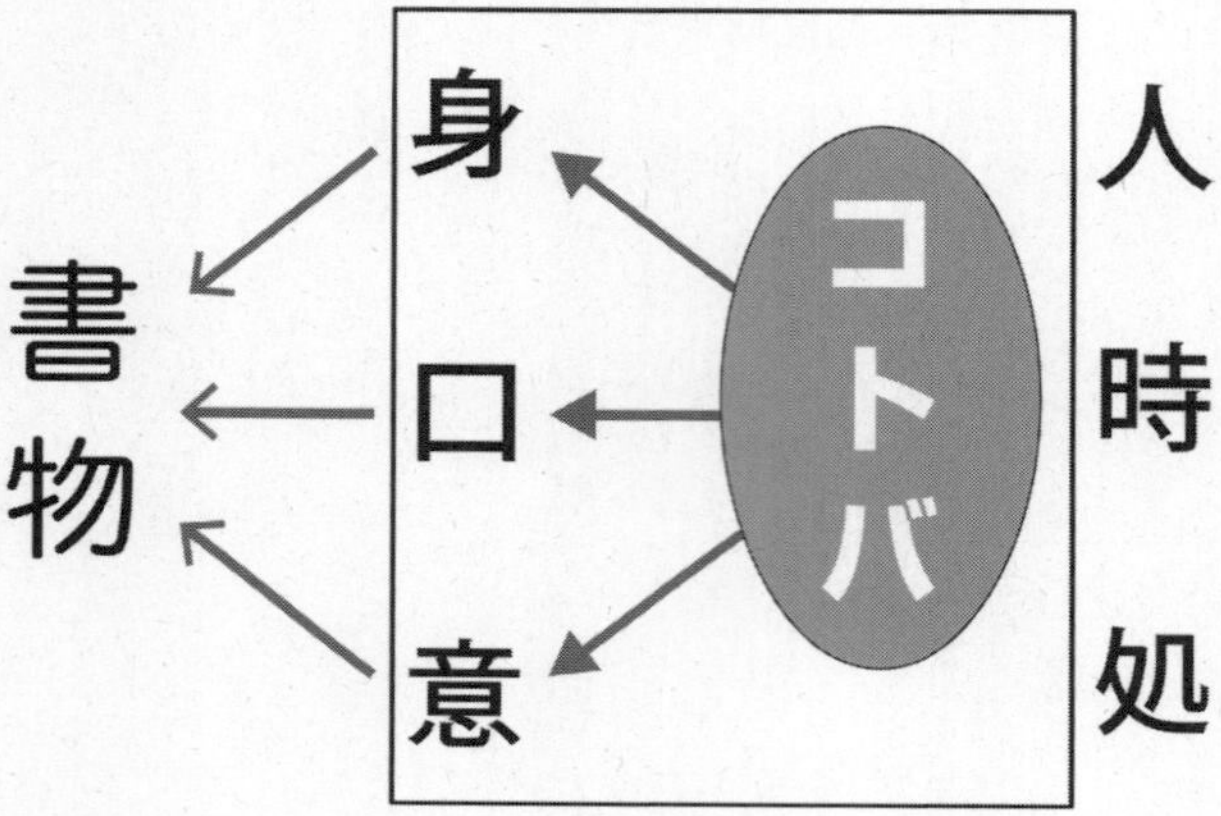

言葉を使って宗教上の真理を表現するということ自体に、最初から難しい問題が含まれているというわけであります。

また、〝言葉の力〟については、発声したり、書いたりするという表現以前に「コトバ」というものがあって、それを身・口・意の三つの手段で表現するという説明を、講習会などではよくしています。「身」は体によって表現する。「口」は口から出る言葉によって表現する。それから、「意」は心や思念——神想観《しんそうかん》[*7]をしたり、念仏を唱えたりするように、心の中に起こる言葉で表現する。では、この表現する前の「コトバ」とは何であるかということが問題になります。これが重要である。

この図にあるように、「コトバ」とは身・口・意の表現が行われる前に起こる心の中の〝波動〟みたいなものです。身・口・意の表現は、その結果であります。そうすると、先ほどからお話し申し上げている聖典とか教典などは、この身・口・意の中のどれに該当するでしょうか？　どれですか？　この三つの中には入っていないのです。聖典や教典は書物ですから、これはどちらかというと、そこから先の話なんですね。宗教の先達が口から出した言葉、また口で唱えたもの……それを誰かが書き取ったり、あるいはそれを記憶していた人から聞き取って、それらを文字に書き留める。聖書やコーランなんかは、そうやって編纂された。その際、「書き取る」という行為のためには身体（身）を使うわけです。それらの文字をきちんと羊皮や紙の上に定着させ、編集を加えて「書物」の体裁にするには、やはり心（意）と肉体（身）を使う。こうして完成したのが、教典や聖典です。つまり、身・口・意の表現の結果として宗教教典は成立するのです。

ところで、私たちが谷口雅春先生から教わっているもう一つのこと――特に講師の人が強調して教わっていることは、宗教の講話は人・時・処に応じて説くことが必要だということです。例えば、あまり科学の知識のない人のところに行って、科学の理論を使って教えを説いても、それはダメだ。効果がない。そんなことよりも、もっと分かりやすい言葉を使い、少し厳しい調子で「病気はナイのです！」と一喝したほうが分かる場合がある。しかし、そんなことを医者に言ってはいかん。営業妨害だと思われる。つまり、同じ真理を伝えるのでも、そのときの人・時・処に応じた言葉を使わなければならない――こう教わります。心の中で起こった同じ「コトバ」でも、それが具体的に表現される場合は人・時・処に応じた形をとるから、それぞれ異なった表現になるということです。

この図では、時間が右から左方向に流れていると思ってください。「コトバ」から始まり、「身・口・意」を通した表現が行われ、それらが総合されて「書物」（紙に書いた教えの本）ができていく。そうすると、書物ができる以前に、「口」から出る言葉による指導があるわけです。そこには当然、人・時・処の問題が出てくるから、相手に応じて、時に応じて、場所に応じて最も適切な表現を使うことが求められます。

その表現は、人・時・処が別の場合には使えないかもしれないし、使っても効果がないかもしれない。例えば、あまり医学的知識がない人の前で「病気はナイ！」と一喝したらその人の病気が治ってしまったとします。そして、その時の表現が文章に記録される。ここまでは問題ない。しかし、この記録された〝教え〟（書物）が万人にどんな場合にも理解されるかというと、そんな簡単ではない。ここにある問題は、人・時・処に応じた説き方が書物に記録されると、人・時・処に合わない人のところにもその書物が回っていって、「これがこの宗教の教えだ」と言われるという点です。すると、最初の反応とはまた少し違う反応が返ってくるのです。

形は事物の本質ではない

今、恐らく皆さんの心の中にある問題は、生長の家の中で真理を説いた書物が自由に利用できなくなったらどうすればよいか、ということでしょう。私たちは、それが聖経とか『生命の實相』のような基本的な書物だから、とんでもないことが起こっていると思うわけです。でも、宗教上の教えで一番重要なのは何かといえば、その書物の〝元〟になったところの「コトバ」である。

『生命の實相』（頭注版）の四十巻まで詳しく読んだ方はご存じと思いますが、同じことに対して場所によって違う説き方をしているケースは珍しくない。それは、この全集が、人・時・処に応じて雅春先生が『生長の家』誌に書かれたことを編集してでき上がったからです。それが四十冊分あるというわけです。聖経の場合には、先生はほぼ一気に書き上げられたと書いてありますから、どのくらいの期間に書かれたかは分かりません。聖経は、『甘露の法雨』の「神」の項から『天使の言葉』の最後までを一気に書かれた。それが、日常読むにはあまり長すぎるから、今は半分ほどに分けて別々のお経の体裁になっている。

このように、書物として残っているものは、もちろん大変重要なものです。それがないと教えが正確に伝わらないということはもちろんある。しかし、一方では人・時・処の変化によって正しく伝わらなくなることもあるのです。これが、一番最初に申し上げたとおり、宗教の教えを文字で伝える場合の基本的な問題で、それは生長の家に限らず、宗教の世界にはどうしても出てくるものです。それはだから、表現を短くすれば済む問題ではもちろんありません。

私が今日申し上げたいのは、そういう問題が出てきているときに、我々は何を重視して運動すべきかということです。その答えは、この図を見れば分かるはずです。私たちは、こちらの「コトバ」さえしっかり把握していれば、結果としての「書物」は身・口・意の表現を通していずれ出て来るということです。「書物」がダメになっているから、「コトバ」もダメになるんだという考え方は、宗教としては原理主義に陥っていくことになります。なぜなら、それは「書き残された印刷物の中にしか真理はない」という考えだからです。教典に書かれた文章以外のもの、その文字通りの解釈以外は全部真理ではない——こういう考え方が原理主義であり、それが今日のテロリズム等の大きな問題に関係しているという話はもう何回も申し上げているので、皆さんは十分理解されていると思います。そういう問題が出てくる可能性も秘めているのが「コトバの力」という言葉です。ですから、この意味を正しく理解することが大変重要であることが分かります。

聖典の中には、「コトバ」とカタカナで表現した理由を雅春先生ご自身が詳しく説明されているところがあります。そこでは「波動」とか「振動」とか「想念」という言葉で説明されています。つまり、身・口・意の形で表現される手前の我々の信仰心、神への思い、確信、悟り……そういうものをカタカナで「コトバ」と書くというわけです。この説明は、講師の方は後でしっかり読んで確認していただきたいのですが、『新講「甘露の法雨」解釋』にあります。『甘露の法雨』の出だしのところに「コトバ」というカタカナ表現が使ってありますね。「『心』動き出でてコトバとなれば一切の現象展開して万物成る」――この文章の「コトバ」はカタカナで書かれている。それを解説して、谷口雅春先生は「コトバとは想念のこと」（九八頁）だと書いておられる。

それから、『新版 ヨハネ伝講義』にも、さっき申し上げた「初めに言《ことば》があった」という出だしの聖句の解説のところに、こう書かれています――

天地にミチていて、事物のハジメを成しているものが言《ことば》即ち、波動であり、

（同書、一七頁）

これは、「コトバ」とは発声音のことを指しているのではないということです。神様の表現の元になっている波動であるのです。また、『新版 真理』第四巻青年篇には次のように書いてあります。引用します――

これは宇宙に満つる霊《たましい》の振動であり、生命の活動であります。（中略）「想念の波」を起すと云うことであります。（中略）宇宙に満つる大生命の波動が想念即ちコトバであって、それがやがて形の世界にあらわれて来るのであります。だから事物の本質とは何であるかと云うと、此のコトバでありまして、形ではないのであります。

（同書、一八五〜一八六頁）

我々は形に表れたものにずいぶん惑わされますが（笑い）、しかし、物事の一番の本質は「コトバ」であるということが、ここに明確に書かれています。生長の家の一番深い意味でのといいますか、哲学的な意味での「コトバの力」とは、そういう表現以前の心の波動であり、魂の振動のことである。そういうことでありますから、私たちはこの「コトバ」をお伝えするという意識があれば、困難に遭遇してもそんなに驚くことはない。また、このカタカナの「コトバ」に基づいて、新しい身・口・意の運動が始まってくるだろうし、そうしなければならないのです。

現状の「改善」でなく「転換」のために

〝森の中のオフィス〟はそういう「コトバの力」を表現した一例です。今は世界中で物質主義的なライフスタイルを新しい方向に転換していくことが求められているけれども、身体を使って、口（発声音）を使って、心（意）を使ってそれを実行することは、コトバの力の活用です。多くの人々はしかし、生活の転換の必要性は分かっていても、それを具体的にどの方向へ進めていくべきかがよく分からない。また、従来の生活の仕方から逃れられない。先ほども質問がありましたが、何十年も同じ仕事をしてきたのに、今さら転職なんてとんでもないと考える。その気持は十分に分かります。業の力はそれだけ強力です。

我々は実相に於いて皆、神の子でありますが、現象的には業の力に動かされていることも事実です。つまり、昔から積み重ねられてきたいろいろな技術とか、社会制度とか、習慣とか、法律も含めて、それを維持していこうとする一定方向に向かう習慣性の力が、社会全体にドーッと働いている。地下に眠っている資源を掘り出して、地上で燃やしたり加工して、自分たちの生活の資源やエネルギーに変える――こういう流れが、社会の基本的な仕組みと密接に関係していて、そうでない生き方は大変やりにくい。そのことはよく分かります。しかし、生長の家はそれをやろうとしているのです。

ですから、多少の問題や困難はあると思います。菊地慶矩・岩手教区栄える会会頭が質問されたように、今の産業の中に基礎を置いて、それを逐次改善していくことによって地球温暖化の問題を何とかしのげないだろうか――そういう意見が出てくる事情はよく分かります。私も一度そう思いました。東京にいても、この世界を変えることはできるだろう。しかし、本当にできるのか？ 結論はもう出ています。これまでの物質主義的、商業主義的な生き方とは違った生活をする人が実際に出てこない限り、社会のライフスタイルの転換は難しいと思います。

地下資源を大量に消費するというこの〝大波〟から抜け出さなければ、私たちはやがて資源争奪戦争に入っていくでしょう。これは十年先とかそういう未来の話ではないかもしれない。日中間の尖閣諸島をめぐる争いのことを考えれば、もう始まっていると言ってもいいのです。また、そういう大規模な消費生活をする人々の数が地球上にどんどん増えていけば、我々の子どもや孫の世代に何が残せるのでしょう？

英語に「インクリメンタル（incremental）」という言葉があります。「漸進的」とでも訳すのでしょうが、私たちはそういう何か少しずつ現状を改善していけば良い社会になっていくという考え方では不十分だという判断をして、それが〝森の中へ行く〟という選択になったのであります。

インクリメンタルに現状を改善していけば何とかなるというその「現状」はどういうものかというと、菊地さんがおっしゃったように食肉需要はこれからどんどん増えていくのです。それは中国やインドのような人口の多い国々が経済成長するからです。それは分かっています。だから、ある一人の業者が辞めたからといって、世界に大きな影響はない――それも事実です。しかし、だからやらないということであれば結局、「流れに任せろ」ということです。二酸化炭素の排出削減もできず、化石燃料の使用も減らず、原発も復活するだろうし、資源争奪戦に向かって人類全体で突っ込んでいくことになる。それはやはりマズイだろうという判断があるわけで、それをぜひ皆さま方には理解していただきたい。

「流れに任せる」のであれば、東京にいたらいいんです。私のところへも、東京を離れないで生長の家の運動をしなさいというメールが未だに来たりします（笑い）。ご存じのように、戦後の世界経済は物質主義と自然破壊の方向に向かって一直線に進んでいったわけです。しかし今後、そのまま進んだらダメだということを、多くの識者は言っている。言っているけれども、どこへ行ったらいいのかはよく分からない。あるいは、理論的には分かるけれども実際にやる人がいない。市場がない。技術がない。システムや制度がない。それならば、今まで通りのことをやっていたらいい――そういう言い分はよく分かる。現実（現象）を重視すれば、その通りなんです。しかし、それでもなお「正しいと思うことをやりましょう」と言えるのは、たぶん宗教を信じている人しかいないと私は思うんですね。（拍手）

ソロバンを弾いたらやはり赤字になる。普通の場合、そこで終わってしまう。幸いなことに、生長の家は皆さま方の献身的な運動と献資によって多少蓄えがあるので、それを今使わないでいつ使うのだろうと考えた結果、使わせていただくのです。谷口雅春先生が長崎へ移住されたときも、大きな変化がありました。そのときは日本中で献資を募ったのです。しかし、今回はそれをしませんでした。それは、皆さんが納得してくれない中でしたくなかったからです。皆さんの生活に実際に影響があることは、「私もそうする」という意識で動いてくれる方にだけお願いしたいということですね。

もちろん今までの貯金があったので、一応できることです。〝炭素ゼロ〟[*8]の業務と生活を完遂するために細かい計算を今やっています。本部事務所だけを〝炭素ゼロ〟にするのは、当初はできますが十年後もちゃんとやっていけるのかなど、なかなか難しい問題があります。

そんなことをやっているところは、恐らく企業にはありません。ソロバンを弾いたら損するからです。でも、多少損してもいいから、人類が向かっている方向に何らかの良いインパクトを与えていきたい。そういう方向への努力をしている人は、全くいないわけではない。私たちが始める前から行っている先輩もいます。そういう人たちの助言も受けながら、もちろん皆さま方から建設的な提案も大いに受けて、献資を募る場合には、皆さまにも納得していただき、「自分もやるゾ」という気になってくださった上で実行したい。

そういう意味で、『次世代への決断』という本をぜひ読んでいただきたい。そこでは、私たちの世代のことはあまり問題にしていない。次世代――我々の子どもや孫に残す社会がこんな状態でいいのかという視点で……私ももう長くは生きませんから（笑い）。皆さまも、私より年上の人もいるようでありますから、もうこれから先は自分のことではなくて次の世代のことを考えて生きる。しかし、「コトバの力」だけはしっかりと握って、我々の運動を神の御心に沿った方向に進めていただきたいのであります。（拍手）

それでは、これからもぜひご協力、ご支援をよろしくお願いいたします。（拍手）

（二〇一二年二月二十八日、第六十一回生長の家代表者会議で）

＊1　二〇〇四年七月に決められた方針。全文は『〝森の中〟へ行く――人と自然の調和のために生長の家が考えたこと』、二二三～二二八頁に掲載。

＊2　生長の家が一九六四年（昭和三十九年）に結成した政治団体。一九八三年（昭和五十八年）に活動停止。

＊3　不良な子孫の出生防止と母性の生命・健康の保護を目的とする法律。優生上の見地から一九四八年に制定。九六年の改正で「母体保護法」と改名された。

＊4　生長の家前総裁。一九一九年十月二十三日に広島市に生まれる。二〇〇八年十月二十八日に満八十九歳で昇天。

＊5　国際的な対立や緊張が緩和していく状態を称し、一九六〇年代後半以降、七九年のソ連によるアフガニスタン侵攻までの米ソ間の関係をいう。

＊6　一九七九年のソ連のアフガニスタン侵攻に端を発して、米ソ関係が再び緊張した現象。一九八〇年代に入って「新しい冷戦」といわれるようになった。

＊7　生長の家独特の座禅的瞑想法。

＊8　生長の家の活動で生じる二酸化炭素の排出量を運用努力や自然エネルギーの導入などで

抑制し、排出した二酸化炭素については相当量を植樹・植林、グリーン電力の購入・排出権の取得などで相殺し、二酸化炭素の排出量を実質的にゼロにしようとする運動。

第二章　神・自然・人間の大調和に向けて

私は、二〇〇七年に上梓《じょうし》させていただいた『日々の祈り』の副題を「神・自然・人間の大調和を祈る」とした。その理由は当時のブログにも書き、また『次世代への決断――宗教者が〝脱原発〟を決めた理由』（二〇一二年刊）の序章でも、ブログの文章を引用して説明した。それをごく簡単に言えば、こうなる。

ヨーロッパ中世以前の世界では「神↓自然↓人間」の階層秩序が厳然として続いていたのに対し、産業革命以降は、この関係が急速に崩れ、今では「人間↓（神）↓自然」の関係に逆転してしまった。ここで「神」の文字が括弧に入っているのは、多くの人間にとって、神はもはや存在価値がないと思われているからだ。つまり、彼らにとって「神は死んだ」[*1]のであり、だから何の恐れもなく、自然を手なずけて自分の道具や消費の対象とし、徹底的に利用する。それが、幸福を得る方法だと考えるのである。そういう人間中心主義的で、物質偏重の考え方が現代文明の基底にはある。だから現代は、神・自然・人間の三者の関係は大方が対立的であり、敵対的でさえある。

二〇〇一年にアメリカで起こった同時多発テロ事件は、〝神〟(宗教)の名の下に現代文明の経済と政治の中心地を破壊しようとした信仰者の行動、として見ることができる。これはもちろん、彼らの行動が「正しい」という意味ではなく、犯行者の世界観がそうだったという意味だ。また、その後に起こったアメリカを主体としたアフガニスタン、イラクへの報復攻撃は、〝人間〟(世俗主義)の側の〝神権政治〟への戦いとして捉えることができる。さらに、とどまることを知らない人口爆発と、経済発展の名のもとに進行している大量の有害物質の排出や自然破壊は、人間の自然界への攻撃であり、その結果、人類が体験しつつある洪水、旱魃《かんばつ》、大雪、大嵐などの異常気象や気候変動は、自然の側からの人間への報復とも見て取れる。そして、二〇一一年三月十一日に起こった東日本大震災とその後の原発事故は、自然と人間との衝突を最も劇的に、衝撃的に、そして象徴的に示した出来事だったと感じられるのである。

私はこのことを、大震災後に発表した「自然と人間の大調和を観ずる祈り」[*2]の中で、次のように述べた――

人間が自然を敵視すれば、その迷い心の反映として、自然の側から〝敵〟として扱われるような事態が現れてくるのである。人間が山を削り、森を切り倒し、川を堰き止め、湖や海を埋め立てて、人間だけの繁栄を画策しても、それは神の御心ではない。それは神が「はなはだ良い」と宣言された実相世界とは似ても似つかない〝失敗作品〟である。実相でないものは、必ず破壊と滅亡を迎える時が来る。それは偽象の崩壊であり、業の自壊である。

このような事態に到っている原因は、何だろうか？　私は、その原因の一つは、人間が自然から略奪したり、自然を敵視して破壊することが人間の幸福につながるとする迷妄だと感じる。また、人類の集合的無意識の中に、自然に対する愛と憎悪のコンプレックス（感情・観念の複合体）が渦巻いているのではないか。これらを解消し、あるいは昇華するためには、私たちが日常的に「神―自然―人間」の大調和を心に強く描くことが必要だと考える。実相においては、自然と人間は神の下に一体である。そのことを心に強く印象づけるために、私はすでに祈りの言葉を多数書き、『日々の祈り』に収録した。恐らく多くの読者は、それらの祈りを日常的に実践してくださっているだろう。

〝自然と共に伸びる運動〟[*3]を進めている私たち生長の家は、今後もこの方向にさらに努力を重ねていくだろう。もっと具体的に言えば、二〇一三年の国際本部の〝森の中のオフィス〟への移転を契機として、「自然と人間の大調和」実現の方向に運動全体の焦点を合わせていくことになる。私はすでに、その方向に私たちの〝コトバの力〟を拡大していくために、『日々の祈り』所収の「祈りの言葉」とはやや形式の異なる長編詩を書いた。「大自然讃歌」と「観世音菩薩讃歌」である。

生長の家の詩としては、谷口雅春先生の『生命の實相』第二十巻（頭注版）聖詩篇に「生きた生命」や「光明の国」「夢を描け」など十数篇が「生長の家の歌」として収録されている。その筆頭は、現在「甘露の法雨」と呼ばれている有名な長編詩だ。これの後篇が「天使の言葉」であり、これらは生長の家の真理を凝縮した「聖経」として取り扱われている。私の長編詩は、形式としてはこれら聖経に似てはいるが、それに取って代わるものではなく、むしろ聖経で説かれた真理を引用しながら、聖経では強調されていなかった方面の教義――例えば自然と人間との関係など――について補強を試みた。

生長の家と自然

この「補強」について、少し説明しよう。

私は、聖経『甘露の法雨』や『天使の言葉』の中に、例えば自然と人間の関係について「説かれていない」から、その欠落を補うためにこれらの長編詩を書いたのではない。そうではなく、それが説かれていても、詩編全体の中で量的にあまり多くないなど、形の上では「強調されていなかった」。だから、それを強調する必要を感じたくって明確に示してある。具体的に言えば、『大自然讃歌』では、聖経からの引用箇所を鈎括弧でくくって明確に示してある。

例えば、『天使の言葉』にある「外形は唯自己の信念の影を見るに過ぎず」という言葉は、この「外形」を人間に限定して理解する必要はなく、人間と異なる外形をもった生物についても、それを〝異物〟として排除してはいけないと説いている。また、同じく『天使の言葉』にある「億兆の個霊《みたま》も、悉くこれ唯一神霊の反映《うつし》なることを知れ」という言葉についても、ここにある「個霊」の語は、人間の霊に限定すべきではないと述べている。さらに、『甘露の法雨』で説かれている「感覚にて視得るものはすべて心の影にして第一義的実在にあらず」という真理に言及して、この「感覚にて視得るもの」も人間に限定すべきでないとしているし、「感覚はこれ信念の影を視るに過ぎず」の意味も、人間社会のみならず、自然界すべてに及ぶものだと説いている。これらのことは、聖経に書かれた言葉をきちんと理解して読めば、初めからそういう意味で説かれていることが分かるのだが、これまでとかく見過ごされてきたと思う。つまり、聖経では自然と人間の一体性が説かれているのに、それに気がつかずに読んできた場合も多々あるだろうから、『大自然讃歌』ではそのことを詩文の中で量的にも、また表現の明確さにおいても、前面に押し出している。そういう意味での「補強」である。

このことは、何も聖経に限られたことではない。『生命の實相』など谷口雅春先生の他の聖典にも、自然界の事象や出来事を先生が自らの〝心の鏡〟として理解し、そこから学ばれようとする態度が明確に表れている。例えば、『生命の實相』聖詩篇（頭注版では第二十巻）に収録された「甘露の法雨」以外の〝生長の家の歌〟にも、自然界の出来事を取り上げたものが数多くある。具体的には「生きた生命」「花園にて」「光明の国」「太陽の讃歌」がそれだ。また、同じ巻の自伝篇の部分に出てくる「野の百合の生きる道」という詩も、野生のユリに先生がご自分の理想の生き方を投影されているという点で、人間と自然との一体性を前提とした作品である。詩文のようなものだけでなく、哲学的な論文形式のご文章でも、同じことが言える。自然界の現象を冷静に観察し、そこから真理に到達しようとされる谷口雅春先生の真剣な態度は、多くの生長の家信徒の心を打ったに違いない。その代表的なご文章は、同じ『生命の實相』第二十巻の冒頭にある「ヘビとカエルの闘争」の話である。
読者に思い出していただくために、その一部を引用しよう――

自分はある日殿様蛙《とのさまがえる》が一匹の小さなる蛇に呑《の》まれる光景を自宅の庭で目撃したことがある。蛙は蛇に呑まれるべくあまりに大きすぎるためにそれを呑みつくすのに一時間以上もかかった。その長い間大いなる蛙はその四肢を苦しそうに打ち踠《もが》かせながらビリビリと痙攣的に全身を顫《ふる》わしていた。自分はその蛙でないから蛙が本当に痛がり、また苦しんでいたのかどうかは知らない。しかしその苦痛そうに見える四肢の踠きや、「生命」の同胞が相食《あいは》んでいる光景を「生命」の同胞の一人なる自分がみることは、ただそれを見ることだけでも幸福なる事実でない。かくのごとき事実を自分は不調和なりと感じないわけにはゆかない。

（同書、三〜四頁）

このような例を見てくると、生長の家がその立教の当初から、「自然と人間」の調和について大きな関心を払ってきたことは疑いない事実なのである。この「関心」とは、「数多くの関心の中の一つ」という程度の軽いものではない。それを最も有力に語っているのが「大調和の神示」である。この神示は、三十三篇ある神示の中でも、生長の家の宗教上の根本規則である「生長の家教規」の中に「教義」として掲げられた唯一のものだ。そして、多くの読者はご存じのように、冒頭を飾る言葉は「汝ら天地一切のものと和解せよ」である。気がついていただきたいのは、和解する相手が「天地一切の人々」ではなく、「天地一切のもの」である点だ。「一切のもの」とは、人間を含み、人間を超えたすべての存在という意味で、「大自然」とほぼ同義語である。そのあと、神示はこう続く――

天地一切のものとの和解が成立するとき、天地一切のものは汝の味方である。
天地一切のものが汝の味方となるとき、
天地の万物何物も汝を害することは出来ぬ。

汝が何物かに傷つけられたり
黴菌《ばいきん》や悪霊に冒《おか》されたりするのは
汝が天地一切のものと和解していない証拠であるから
省みて和解せよ。

これを読めば、神示は昭和六年の啓示の当初から、「自然界」を含めた「天地の万物」すべてに対して和解することを命じてきたことは明らかである。「黴菌」について書いてあるのは、「黴菌だけと和解せよ」という意味ではなく、「黴菌とさえ和解せよ」という強調の意味を込めた例示である。だから、右の引用文の最初の三行は、次のように書き直しても意味上の違いはほとんどないのである――

大自然との和解が成立するとき、大自然は汝の味方である。
大自然が汝の味方となるとき、

大自然の中の何物も汝を害することは出来ぬ。

このように考えると、生長の家の信徒が大自然の素晴らしさを称える「大自然讃歌」を読誦することは、「大調和の神示」の教えを実践する方法の一つとして捉えることができるのである。

「大調和の神示」が生長の家の教えの中で重要であるということは、それが現行の教規に収録されている唯一の神示だという理由からだけでなく、『生命の實相』第一巻の冒頭にある『ヨハネの黙示録』の引用文のすぐ後に掲げられていることからも分かる。『黙示録』は聖書の一部だから、谷口雅春先生ご自身の文章として、先生の代表的著作『生命の實相』の冒頭を飾るのは「大調和の神示」なのである。その神示の冒頭で、自然界を含めた「天地一切のものと和解せよ」と命じられている重みを、私たちは忘れてはいけない。

さて、その『生命の實相』であるが、第一巻「総説篇」の冒頭にあるのは「七つの光明宣言」である。読者は、この宣言の第一項を憶えているだろうか？　それは、次の通りである――

一、吾等は宗派を超越し生命を礼拝し生命の法則に随順して生活せんことを期す。

ここに「生命を礼拝」とあり、「生命の法則」とあることに注目してほしい。この「生命」とは、人間の生命だけを指すのだろうか、それとも自然界の中のすべての生命を指すのだろうか？　私は、後者が正しい解釈だと考える。その理由は、谷口雅春先生が「生命」と書かれる時は、一般的には「人間」に関わることも多いが、「人間を含む生物全体」を指すことがほとんどであるからだ。例えば、前に引用した「ヘビとカエルの闘争」の話では、先生はヘビに呑まれつつあるカエルの苦痛の様子について、次のように書かれていた――

その苦痛そうに見える四肢の踠きや、「生命」の同胞が相食んでいる光景を「生命」の同胞の一人なる自分がみることは、ただそれを見ることだけでも幸福なる事実でない。

ここでは明らかに、先生はヘビやカエルを「生命の同胞」として捉え、そう感じておられるのだ。ということは、光明宣言の第一項で宣言された「生命を礼拝」することは、人間の命だけでなく、自然界の他の生物の命を礼拝することも意味すると考えねばならない。そして、これと同じ観点から光明宣言の次項以降を読み直してみれば、第二項から四項までが生物界全体に関わるということが分かるはずである。

二、吾等は生命顕現の法則を無限生長の道なりと信じ個人に宿る生命も不死なりと信ず。

三、吾等は人類が無限生長の真道《まことのみち》を歩まんが為に生命の創化の法則を研究発表す。

四、吾等は生命の糧《かて》は愛にして、祈りと愛語と讃嘆とは愛を実現する言葉の創化力なりと信ず。

このように、生長の家の運動が生命全体の大調和の実現を目指していることを示す有力な証拠は、谷口雅春先生の著書『真理の吟唱』にある祈りの言葉の中にも見出される。この著作は、一九七〇（昭和四十五）年に初版が出た当時は「聖経」の名が冠されていなかったが、その後、『聖経　真理の吟唱』と改められた。これは、雅春先生ご自身がこの書の重要性を認められたことを示している。そして、この聖経の冒頭を飾る祈りの言葉「新生を感謝する祈り」を読むと、「大調和の神示」にある「天地一切のものとの和解」の意味が明確に示されていることに気づくのである。

その部分を引用しよう——

神はすべてのすべてであり給う。天地一切のものは、神の愛と智慧と生命との顕現であり、私たち人間も神の愛と智慧と生命との顕現であるから、天地一切のものと、私たち人間とは、同根であり、兄弟姉妹であるのである。それゆえに、天地間の一切のもの悉くみな私たちの味方であって、私たちを害する者など何一つないのが実相であるのである。

もし私たちが何者かに害されたり傷ついたりすることがあるならば、天地と同根であり一切の存在と兄弟姉妹である自分の実相をわすれて、天地一切のものと自分の心とが不調和になったことの反映であるから、神は「省みて和解せよ」と教えられているのである。

（同書、一一頁）


読者はすぐに気づかれたと思うが、このくだりは、「大調和の神示」の解説になっている。そして、この祈りの言葉の中には、「天地一切のもの」とは「自然界すべてのもの」という意味だということが明示されている。それは、「天地一切のものは、神の愛と智慧と生命との顕現であり、私たち人間も神の愛と智慧と生命の顕現であるから、天地一切のものと、私たち人間とは、同根であり、兄弟姉妹であるのである」という部分だ。ここでは「私たち人間」と「天地一切のもの」が併記されていて、両者の調和が強調されているのであり、「人間同士の調和」については直接述べられていない。つまり、神の創造になる実相世界では、人間と自然界とは初めから大調和の関係にあるということで、これは、「自然と人間の大調和を観ずる祈り」の冒頭にある次の言葉と同じ意味であることが分かる――

神の創造《つく》り給いし世界の実相は、自然と人間とが一体のものとして常に調和しているのである。

『真理の吟唱』に収録された祈りの言葉の中には、このほかにも大自然と人間との不可分の関係を説いたものがいくつもある。「天下無敵となる祈り」は、まず「宇宙全体が神の自己実現である」と宣言し、「宇宙にある一切の存在にはすべて神の生命と愛と智慧とが宿って」いると説いた後、人間は皆自他一体の関係にあることを述べ、さらに続けて人間と自然との関係について次のように説いている――

すべての人々の生命がわが生命と一体であるだけではなく、すべての動物・植物の生命とも私は一体であるから、すべての動物・植物に対しても私は愛を感ずるのである。それゆえにいかなる動物からも害されることはないのである。すべての昆虫、その他、這《は》う虫、飛ぶ虫のわざわいをも受けることなく、わが果樹園にも茶園にも田畑にも害虫の被害などはないのである。いかなる細菌も真菌もヴィールスも、すべて〝生〟あるものは、神のいのちを宿してこの世に出現せるものであるから〝神の子〟である私を害することは決してないのである。宇宙の一切の生命は、唯ひとつの神の生命に生かされ、唯ひとつの神の智慧に支配され、導かれているが故に、生き物たがいに相冒《あいおか》し合いて病いを起すなどということはあり得ないのである。

（同書、九五〜九六頁）

実相世界における自然界と人間の一体性と大調和の関係は、このほかにも「天地の万物を祝福する祈り」「有情《うじょう》非情悉く兄弟姉妹と悟る祈り」「良きアイディアを受信するための祈り」「金剛不壊の真身を自覚する祈り」などの中に明確に説かれている。読者はぜひそれらを参照されたい。

聖経『甘露の法雨』の詩文にも同じことが説かれている。まず、冒頭の「神」の項には、神の御徳が次のように描かれている――

創造の神は
五感を超越している、
六感も超越している、
聖
至上
無限
宇宙を貫く心
宇宙を貫く生命
宇宙を貫く法則
…………

この詩文で、神を「無限」と表現していることの意味を、先生は次のように説明されている――

（前略）これはもうお解りの通り限りがないことです。どこにでも充ち満ちておられる。（中略）神は遍在であり、どこにでも充ち満ちていらっしゃる――即ち「無限」なのです。したがって皆様の内にもいらっしゃる。どんな堅い骨の中でも、歯の中でも、内臓の中にでも、食物の中にでもいらっしゃるのであって、神様のいらっしゃらないところはないのであります。

これは神様のみち満ちていらっしゃる広がりについて言ったのでありますが、広がりだけではないのでありまして、どんな姿にでも顕《あらわ》れられる。それも亦無限なのであります。どんな色にでも現れるし、どんな形にでも現れる。すべての生きとし生けるもの、植物でも、鉱物でも、動物でも、ありとしあらゆるもの、みんな神様の顕れでありますが、無限に異る姿をしているのであります。これだけ多勢の人がお集りになっても、一人として同じ顔をしている人はいないのです。人間だけではない、木の葉一枚にしてもそうです。此処に一枝の紅葉《もみじ》があるとしても、一本の木だからどの紅葉も同じ形をしているかと言うと、そうではないのであって、あの紅葉の葉をちぎって重ねて見ると一つとしてぴたりとひとつに重なるものはないのでありまして、皆多少異《ちが》うのであります。そのように無限に異なる姿のものを又無限に産み出すところの本元が神さまなのでありますから、神さまはまだまだ無限であると言う訳でありまして、神様は自己の内に無限の姿、イメージ又はアイディアを有ち給うのであります。

(『新講「甘露の法雨」解釋』、三七〜三八頁、原文は旧漢字、歴史的仮名遣い。以下同)

ここを読めば、自然界のすべてに神の「無限」の御徳が満ちている、と先生が説かれていることは明らかだ。つまり、自然界はその隅々までも神の住処《すみか》であり、神の表現物であるということだ。では、そこにいわゆる〝生存競争〟のような闘争が観察されるのは、なぜだろう？　これを説明するためには、「実相」と「現象」という、生長の家で最も基本的な考え方を導入しなければならないが、ここでは詳しい説明は割愛する。

生長の家では、〝生存競争〟と呼ぶような殺し合いの世界は現象であり、実相においては存在しないと考える。では、神の創造になる世界の実相は、どのような状態なのか？　それを『甘露の法雨』は「神」の項で、次のように描いている――

神があらわるれば乃ち
善となり、
義となり、
慈悲となり、
調和おのずから備わり、
一切の生物処を得て争うものなく、
相食むものなく、
病むものなく、
苦しむものなく、
乏しきものなし。

ここに引用した詩文の後半は、「生物間の大調和」を描いていることは明らかだ。これが、神の創造の世界の実相だと考えるのである。「生物間」だから当然、人間と他の生物との関係も含む。それを、谷口雅春先生ご自身はこう解説されている――

吾々は肉眼というレンズを通して五官という感覚器官を通してみると、現象世界の色々の争いや闘いや喰い合いや殺し合いの有様を見るのであります。しかし実相においては凡ての生物は互いに喰い合っていないのである、殺し合いをしている肉食動物などというものは、実相の世界の中には居ないのでありまして、実相においては互いに殺し合いなどしていないのであるけれども、その人の心の立場において或る角度から眺めて見ると、殺し合いをしているように見える。「見える」ということと「実際にある」ということとはちがう。（同書、六四頁）

こう述べられた後に、雅春先生は「実相においては一切の生物は（人間をも含めて）

完全に調和していて、戦いや喰い合いはない」と書かれている。つまり、『甘露の法雨』のこの詩文が描く「生物間の完全な調和」の中には人間も含まれていて、すべての存在は大調和の中にあると説かれているのである。

このように見てくると、生長の家では『生命の實相』や聖経『甘露の法雨』にも、また『真理の吟唱』に収録された複数の祈りの言葉にも、「自然と人間の大調和」が説かれていることが分かる。では、それならば、これらの聖典の熟読によって「神・自然・人間の大調和」を目指す運動を進めていけばよいという考え方はあるだろう。私もその考えに賛成である。しかし、それらの聖典・聖経類だけでは、現代的な諸問題に十分対応しきれない側面もあるのである。このため、私は「大自然讃歌」などを著して聖経類の補強を試みたことは先に述べた通りである。

この「現代的な諸問題」とは、谷口雅春先生が聖経・聖典を書かれた時代には必ずしも表面化していなかった様々な問題であり、遺伝子組み換えなど生命科学の発達にともなう倫理問題や、地球温暖化やエネルギー・資源問題も含まれる。これらの問題へ正しく対応するためには、自然と人間の本質的関係を理解することが必要である。

そのことを具体的に示しているのが、原子力の利用の是非をめぐる論争である。この問題は一見、純粋に技術的な考察で解決し得るような印象を与えるが、本当はそうではなく、自然と人間の関係を宗教的、哲学的なレベルまで掘り下げて考える必要がある、と私は考える。

なぜそうであるかを示すために、原子力発電について、私が生長の家講習会で受けた質問に対する回答を次に掲げよう。私は、講習会では午後の講話の時間の最初の三十分を使って、参加者からの質問に答えることにしているが、以下の文章は、二〇一二年十二月二日に徳島県の生長の家講習会で行われた質疑応答の記録に若干の加筆修正をしたものである。

地球と人間が共存するために

Q 総裁先生は、原子爆弾は〝絶対悪〟のように仰いましたが、これまでの長年の成果として原子力をようやく平和利用できるようになったことで、原子力発電があると思います。現在の技術として、廃棄物の処理等が不可能で完全に管理できないことは確かであり、教団が脱原発を選んだことは賛成しますが、未来的に考えて放射能と廃棄物の完全な管理と安全な利用ができれば、原子力発電を使ってもよいと思われるのですが……。あるいは、人類はそれを目指すべきではないでしょうか？

（五十歳・会社員）

A　原発関連の質問です。最初に「総裁先生は、原子爆弾は〝絶対悪〟のように仰いましたが、これまでの長年の成果として原子力をようやく平和利用できるようになったことで、原子力発電があると思います」とあります。この方の認識はこういうものですが、私は必ずしも賛成しない。また、「未来的に考えて放射能と廃棄物の完全な管理と安全な利用ができれば、原子力発電を使ってもよい」とおっしゃり、さらに「人類はそれを目指すべきではないか？」と書かれています。

なぜですか？　私は、「なぜ原子力でなければいけないか？」と聞きたいです。また、ほかにもエネルギー源は多くあるのに、なぜ原子力か？　と問いたいです。原子力発電と他のエネルギー利用が違う最大の点は、原子力が生物一般に共通して有害であるということ――つまり、生物の組織の基本設計を定めた「遺伝子」を破壊するという点です。原子力利用は、この一点で、他のエネルギー利用技術と根本的に違うと私は思います。

私は、「大自然讃歌」にも「観世音菩薩讃歌」にも書きましたが、人間は自然界の一部であり、他の生物と大調和しなければならないのです。

たぶん、皆さんが最もよくご存じである生長の家の文書の中に「大調和の神示」があります。その末尾には「昭和六年九月二十七日夜神示」とありますが、この時に谷口雅春先生に下された神示であって、発祥当初のものです。このほかに、谷口雅春先生は合計で三十三の神示を受けられている。この「三十三」という数は示唆的ですが、生長の家では、これらすべてが等しく取り扱われているかといったら、決してそうではありません。そうですね？　皆さんも内容を知らない神示、あるいは思い出せない神示はいっぱいあると思います。でも、この「大調和の神示」だけは、よくご存じではないでしょうか？

それはなぜでしょうか？　理由は、聖経『甘露の法雨』の経本に収められ、経文より前に掲げられているからです。だから、このお経を読誦しようと思ったら、「大調和の神示」を読まざるを得ない。そういう編集がなされているのです。つまり、谷口雅春先生は多くの神示の中から、この神示を〝いの一番〟に選んで、聖経の冒頭に置かれました。この聖経の編集方針は、最初のものが出た昭和十年（一九三五年）以来、変わることなく続いているのです。

聖経『甘露の法雨』だけではありません。『生命の實相』全四十巻（頭注版）の中でも、この神示は特別の位置を占めています。第一巻の冒頭には聖書の『ヨハネの黙示録』第一章の一部分が引用されていますが、その後に続く雅春先生のご文章の最初を飾るのが、「大調和の神示」なのです。ですから、明らかに雅春先生は、この神示が最も大切であると考えられている。さらにもう一点重要なことは、皆さんの目にはあまり触れることはないと思いますが、宗教団体としての規則を記した「生長の家教規」という文書があります。これは文化庁に届け出ている公式文書です。その規則で「教義」を定めている箇所に何が書いてあるかということです。つまり、生長の家はどんな教義を説く宗教であるかを公に宣言しているところですが、そこに何が書かれているかというと、「大調和の神示」の全文がスポッと引用してあるのです。それ以外のことはほとんど書いてない。これらのことから考えれば、「大調和の神示」に示された教えは、私たちの信仰の中では基本中の基本であって、これを除いてしまったら生長の家ではないと言えるほど重要である、ということであります。

このことを確認してから、皆さんに次の質問をします。では、「大調和の神示」には何が書かれているのでしょう？　暗誦をしている人も多いと思いますから、最初の数行を思い出してください。それをここにも掲げます――

汝ら天地一切のものと和解せよ。天地一切のものとの和解が成立するとき、天地一切のものは汝の味方である。天地一切のものが汝の味方となるとき、天地の万物何物も汝を害することは出来ぬ。

このあとの言葉も暗誦している方もいると思いますが、長くなるのでやめます。それで、ここには何と和解せよと書いてあるでしょうか？　「すべての人々と和解せよ」とか「人間と和解せよ」とは書いてないのです。和解する相手は「人間」に限定されていない。「天地一切のものと和解せよ」と書いてある。それも一度だけでなく、わずか数行の短い文の中に五回も、「天地一切のもの」とか「天地の万物」に和解せよと書いてある。だから、これが生長の家の教えの〝根本〟だと言えるのです。それでは皆さん、「天地一切のもの」とは何のことですか？　それは文字どおりの意味です。「自然界を含めた一切の存在」と和解するのが、我々の信仰の基本中の基本だということです。だから、生物がもつＤＮＡを破壊するようなものを、「人間だけのため」に利用する――言い換えれば、放射性廃棄物を永続的に生産し、自然界に放出し続けるという技術や生活は、私たちの選択肢の中にはないはずです。そうでしょう？　人間は自然界と共存しなければいけない、ともに繁栄しなければいけない――それが「大調和の神示」の教えであります。だから、私は〝脱原発〟を言っているのです。「反自然」的な技術を、人間が大規模かつ継続的に利用する――そういう生き方から脱すべきだというのです。このことを、皆さんにはぜひ理解していただきたいのであります。

自然と人間が共存するエネルギー利用へ

さて、午前中の講話で少し申し上げましたが、なぜ今ごろ新しい経本が出たのかということですが、私は経本を作ろうとして作ったのではありません。ただ、現在「四部経」と呼ばれている雅春先生の自由詩（「甘露の法雨」「天使の言葉」「聖使命菩薩讃偈」「続々甘露の法雨」）には、大自然についての記述があまりないのです。全く書かれていないわけではありません。間接的な表現はもちろんあります。けれども、自然界と人間との関係を示す表現が少ない。それよりは、人間社会の中の生・老・病・死の問題をいかに考え、それらをどう超えて喜びをもって生きていくべきかという教えが前面に打ち出されている。これは、発祥当時の時代的要請にもとづくものです。「四部経」がお家にある方は、あとで確認してください。谷口雅春先生は、しかしこの「四部経」を出された後にも、たくさんの教えを説かれました。その中には『真理の吟唱』の中に収められた祈りの言葉など、自然と人間の関係を扱ったものもあります。が、あまり多くはない。しかし今世紀の人類最大の課題は地球温暖化をいかに抑制し、不安定化しつつある自然界と人類とがいかに共存していくかということですから、私たちがどう自然界と向き合っていくべきかを日常的にしっかりと把握することが、運動を進めていく上で不可欠である。そういう認識から「大自然讃歌」という自由詩を書かせていただいたのであります。

「観世音菩薩讃歌」についても、似た側面があります。観世音菩薩は、「四部経」ではほとんど説かれていないのですが、生長の家の教えでは重要な位置を占めます。多くの方はご存じと思いますが、雅春先生は『真理の吟唱』の中に「観世音菩薩を称うる祈り」を収録してくださいましたが、その最後の所に「生長の家の礼拝の本尊は観世音菩薩なのである」とはっきり書いてあります。それ以外の他の聖典にも、そういう表現が各所にあります。しかし、今の「四部経」の中では「聖使命菩薩」は説かれていますが、観世音菩薩については触れられていない。残念ながらないのです。ですから、この重要な菩薩の考え方についてはきちんと書いておこうということで、私は、生長の家ではそれがどういう存在であるかを『次世代への決断』の中に書きました。「観世音菩薩讃歌」もそれと同じ目的の自由詩です。しかし、本や詩だけでは読む人もいれば読まない人もいるし（笑い）、一度読んだだけでは忘れてしまうこともあるので、この讃歌も毎日皆さんに読んでいただけるような形にしておいた方がいいと考えて、経本にさせていただいたのであります。

そういうことですから、「大自然讃歌」と「観世音菩薩讃歌」の二つに共通するのは、これまでの「四部経」よりも、人間と自然との関係を前面に打ち出して、自然界の神秘や不可思議さ、人間との一体性をしっかり描写しているということです。繰り返しになりますが、これまでのお経がそれを全く説いていなかったのではなく、強調されていなかったのです。強調点を変えたものを新しく出させていただいたということです。ですから皆さんは、教えの中で人間と自然の関係がまだよく分からない場合には、ぜひ、この二つの経本のどちらかを、あるいは双方をお読みください。また、『大自然讃歌』の冒頭には「自然と人間の大調和を観ずる祈り」が収録されていますし、『観世音菩薩讃歌』の冒頭には、先ほど紹介した谷口雅春先生の「観世音菩薩を称うる祈り」も収められています。それら二つの祈りに書かれたことも心に留めて読んでください。聖経読誦をする際は、今日は『甘露の法雨』を読むけれども、時には『大自然讃歌』、あるいは『観世音菩薩讃歌』も読む。奇数日、偶数日で分けるとか、朝と晩とに分けるとか、さらには曜日によって変えるなど工夫されて行じられたらいいと思います。

これからの世界では、残念ながら自然災害は増えてくる恐れがあります。これは予言として言っているのではなく、気象学者などが科学的根拠にもとづいて予測しているし、実際に大きな災害が増えているからです。残念ですけれども、そういう災害による犠牲者も多くなってくるでしょう。従いまして、それらの犠牲者の霊を慰める時のお経としても、『大自然讃歌』と『観世音菩薩讃歌』を読む機会が増えてくるかもしれません。去る八月（二〇一二年）には、生長の家宇治別格本山の盂蘭盆供養大祭に合わせて、初めて「自然災害物故者追悼慰霊祭」を執り行いました。その時は「大自然讃歌」を参加者が一斉読誦したという経緯もあります。私が申し上げたいのは、これらの経本は他の聖経に取って替わるためのものではないということです。「四部経」で説かれた真理をしっかりと自覚するとともに、私たちが今後心しなければならないことは、人間社会のことだけに注目せずに、大自然を大切にするということです。自然と人間とは別物ではないという自覚を把持することが必要です。

さて、このように述べれば、この質問者の方へのお答えはできたのではないかと思います。人類が原子力エネルギーの利用を拡大していくことは、放射性廃棄物という自然界共通の有害物をどんどん蓄積していくことになる。それを無害化する処理方法はまだないから、厖大な量の〝劇毒物〟を地球の地下深く埋めていくことになる。日本だけでなく、世界中の国々でそれをやるようになったら、これはもう「自然と人間の大調和」などとはとても言えない。それを信じる人間の行動とは言えない。自然と人間は戦い合っているということになる。原子力発電という技術には、自然界に対する〝敵意〟みたいなものが隠されているのです。そういう原発を造り続けるということは敵意を物質化することであり、明らかに悪業を積むことです。だから、今すぐ突然、原発を全廃するのが困難だったら、廃止するターゲットを決めて、できるだけ速やかにそこから撤退していく。これは、「悪業をこれ以上積まない」ということです。

また、それと同時に善業を積む必要がある。つまり、地球の自然と人間が共存する方向のエネルギー使用の方法を開発し、それを積極的に利用していく必要がある。それは実際に可能なのですから、やるべきだと申し上げているのです。

生長の家は、それが可能であることを実証するために、東京を引き払って、八ヶ岳南麓の北杜市に移転しました。人間と自然との共存などできるはずがないと思う方は、ぜひ私たちのやり方を見に来ていただきたい。日本は技術立国ですから、方向性さえ決まれば、自然破壊でも自然との共存でも、どちらへも行くことができます。しかし、そのためには「コスト」だけに注目してはいけない。現状の制度のままで「どちらがコストが安いか」といったら、従来通りの方法のコストが安いに決まっている。積み重ねがありますから。従来通りの考えにもとづいたコスト計算や、経済指標だけで判断すると、残念ながら原発継続ということになるでしょう。しかし、それをしてしまったら、先ほどの質問の時に書いた図（図1、図2）のとおりの方向へ、日本および世界が進んでいくことになります。「気候変動の激化」「資源の奪い合い」そして「国際紛争」へと向かう。それには「反対」と言わざるを得ない。言うだけでなくて、自分でも反対方向への行動を起こしましょう、というのが私たちの考えであります。

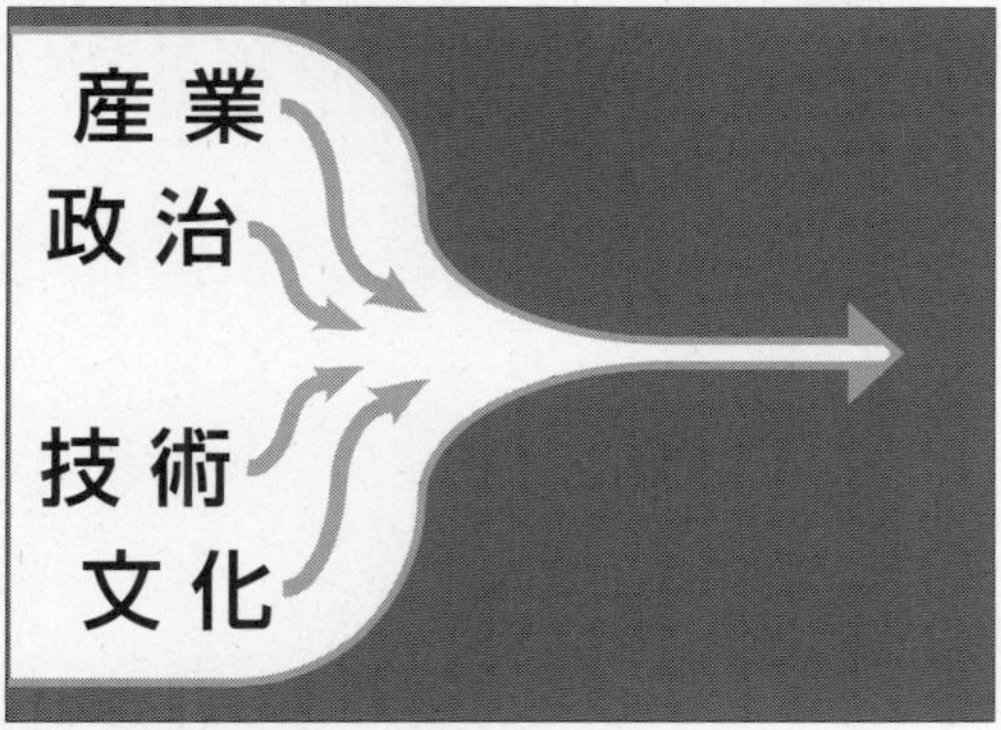

図1

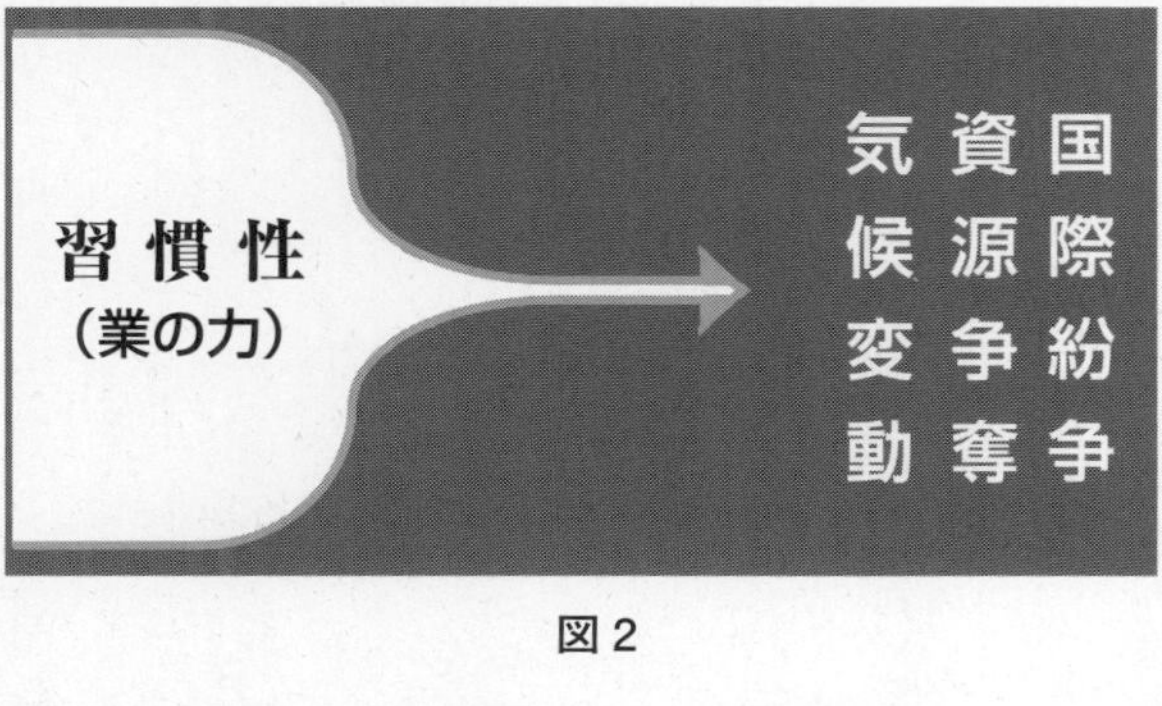

図2

＊1　晩年のニーチェが遺した人類の精神史についての洞察。彼は、神や善などの超越的価値への信仰が失われた結果、人間の共同生活の根拠もなくなり、現実生活が本質的に権力闘争の様相を呈していることを指して「神は死んだ」と言った。

＊2　二〇一一年三月十七日付でブログ「小閑雑感」に発表された祈りの言葉。『次世代への決断』、経本『大自然讃歌』などに収録されている。

＊3　宗教運動を進めることが環境破壊につながらないように、二酸化炭素の排出削減や持続可能な自然エネルギーの積極利用と併行して、布教活動を展開すること。二〇〇七年から運動方針として掲げられている。

第二部

新しい文明の実現を目指して

第一章　偏りのない文明の構築へ

皆さん、ありがとうございます。（拍手）

それでは私の講話を始めます。テキストとしては、三月に出させていただいた『次世代への決断――宗教者が〝脱原発〟を決めた理由』（生長の家刊）と、谷口雅春先生の『新版 光明法語〈道の巻〉』（日本教文社刊）を使う予定であります。今日の話はどんな話かといいますと、過去二年間、私が幹部研鑽会などで行ってきた話を基礎として、さらにその上に積み上げるものであります。

皆さんの中には、この研鑽会に毎回来てくださっている方もいれば、今回初めてという方もいらっしゃると思います。もし前二回、あるいは一回でも来られて私の話を聞かれた方は、その時の話を思い出しながら聞いてください。今回初めての人は、私の話に少し分かりにくいところがあるかもしれません。しかし、『次世代への決断』の第四章に、前二回の講話の内容がまとめて収録されていますから、後でこの文章を読んでいただくと、きっと理解が深まるだろうと思います。講話の時間は限られていますが、話の内容は広範囲に及ぶだけでなく、幹部の人々にはより深く理解していただきたいと考えて、こういう形をとらせていただきたいのです。

観世音菩薩の謎

さて、今日のテーマは「観世音菩薩」であります。午前中には体験談がいくつかありまして、その中にも「観世音菩薩」のことが出てきましたね。人生におけるいろいろな経験が、私たちにとって〝観世音菩薩の教え〟として感じられることがある。しかし、観世音菩薩とは何ものであるのかと考えると、よく分からないことが多いのです。ですから、今日の講話の題は「観世音菩薩の謎」（笑い）ということにしました。

それを解明しようというのであります。そうした後に、私たちの脳の話に移ります。今日はここに脳の模型まで持ってきましたから、これを使いながら、私たちの脳の働きと観世音菩薩の間には関係があるという話をいたします。そして、自己に宿る観世音菩薩の声を大切にして生きることが、〝新しい文明〟の構築には必要であるという結論に持っていくつもりであります。

さて、観世音菩薩には一体いくつの謎があるでしょうか。私が考えたところでは、三つほどあります。まず第一の謎は、いったい観世音菩薩とは何者なのかということ。それから二番目は、この菩薩は「生長の家の礼拝の本尊である」と言われますが、それはどういう意味かということです。そして、生長の家では「人間は神の子である」と言うのですが、その教えと観世音菩薩の関係はどうなっているのか、というのが三番目の謎であります。谷口雅春先生のお祈りの言葉を集めた『聖経　真理の吟唱』には「観世音菩薩を称うる祈り」というのがありますが、その祈りの言葉の最後のところには、「生長の家の礼拝の本尊は観世音菩薩なのである」とはっきりと書かれています。このことは、しかしあまり注目されて来なかったようであります。それよりも、神想観で唱える言葉などには、「住吉大神」とか「天照大御神」の名前が出てくるので、それらの神さまが生長の家の本尊だと思い、そんなところから生長の家は神道の一派だという誤解も生まれてきた。しかし、ご存知のように生長の家は「万教帰一」ですから、礼拝の本尊を神道式の名前で呼ばなければならないということはない。仏教で説かれている如来や菩薩を礼拝の対象にしても構わないのです。また「七つの燈台の点燈者」という名前が出てくることもあり、キリスト教とも関係している。こういう信仰の〝基本〟のところは、皆さんのような幹部の方々はしっかりと押さえておいていただきたいのです。だから、もしかしたらこれから一年間ぐらいの講師試験の問題にも、これは出るかもしれない（笑い）。注意して聞いていてください。

まず「観世音菩薩とは何ものか」ということですが、多くの方はすでにご存じですが、この菩薩は生長の家の発明でも何でもないのであります。日本の長い歴史の中で、観世音菩薩を象《かたど》った像はそれこそ無数といっていいほど刻まれてきました。日本だけでなく、インドや中国、ネパールでも同じです。そのうち国内のサンプルを今ここで何体かお見せしましょう。

これは滋賀県の大津市にある盛安寺が所蔵する十一面観音像（**図1**）です。観世音菩薩の像にはいくつか特徴があるので、それを捕まえていただきたいのです。その一つの特徴は手が何本もあるということ。それから、頭もいくつもあるところです。多くの場合、外見上の主たる頭は一つですが、冠の上に複数の頭が載っている。その顔の数が全部で十一あるのが「十一面観音」です。「多くの腕と顔をもつ」のが共通していて、それ以外のところはあまり共通していないのであります。

© YOSHIKAZU KIMOTO/SEBUN PHOTO/amanaimages

十一面観音像（大津市・盛安寺所蔵）

図1

次の絵（**図2、次頁**）は昔、私が広島に講習会で行ったとき、広島市中央公園に立っている聖観世音菩薩像というのを写真に撮ったものです。これは手が普通に二本しかないし、頭の上にも顔は多くない。です

聖観世音菩薩像（広島市中央公園）

図2

から、こういう観音像も造られてきました。しかし、もっと驚くようなものもあります。たとえば大阪に住んでいらっしゃる方はご存じと思いますが、これは有名な国宝千手観音坐像（図3）であります。一見〝化け物〟みたいに見えるのですが、正面のお顔はあくまでも穏やかな表情です。特徴は腕が〝千本〟あることです。しかし、本当に千本あるかどうかは、数えてみたことがないので私には分かりません。そして、それぞれの手にはいろんなものを持っている。また、頭の上にはやはり何人も菩薩さんの頭がある。十一面あるはずですが、写真にははっきり写っていません。また別の例では、京都の大報恩寺というところには准胝《じゅんてい》観音立像（図4）というのがあります。これも立派な彫像であります。頭は一つですが、腕が何本もある。

国宝　千手観音坐像（大阪、葛井寺所蔵）

図3

准胝観音立像（京都、大報恩寺所蔵）

図4

このように、様々な形の観世音菩薩像が信仰の対象として、また美術作品として造られてきています。

そういうわけで観世音菩薩を象った像は、事実上無数にあります。ご覧に入れたような大型のものだけでなく、もっと小さいものもあります（**図5、次頁**）。これは実は本邦初公開……になると思いますが、私の家――谷口家の神棚に安置してある観世音菩薩像です。どなたからか頂いたものを、雅春先生の時代からずっと置いてあるものです。これは私見ですが、お顔をよく見ると谷口輝子先生[*1]に似ているところがある。またこの間、長崎の総本山へ輝子先生の年

図5

図6

祭で行ったときに、そこの公邸の応接室にある観世音菩薩像（図6）を写真に撮ってきました。この観音像は、見るからに女性的であります。このように、観世音菩薩像には女性もあれば男性もあるし、どちらとも判別できないものもある。

　ということで、観世音菩薩とは一体何者なのか、外観だけ見ていてはよく分からない。だいたい今、皆さんにご覧に入れたのはわずかな〝サンプル〟に過ぎません。ですから、日本中の至るところの寺に観音像があると考えていい。あまりにも種類が多いし、一定の形ではない。だから、「生長の家の本尊は観世音菩薩」と言ったとしても、この多くの種類の中のどの観世音菩薩を拝んだらいいのか――途方に暮れてしまう人もいるでしょう。

その答えは、もうご存じの方もいるでしょうが、『次世代への決断』の中に書いてあります。七四頁から七七頁に、観世音菩薩についての説明が掲げてあります。これはもともとブログの文章で、そのまた元になっているのは、秋田へ講習会に行ったときの会場での質疑応答です。その時に「観世音菩薩の心とは何か？」「観世音菩薩とは何？」という質問が出たのです。それに対する答えがここに文章化されているのであります。七四頁から読みます――

秋田市の講習会参加者からの質問の中で、答えが難しいのが「観世音菩薩」に関するものだ。それらを以下に再掲しよう――

③今回の震災の奥にある観世音菩薩の心とは？

④震災の犠牲者は観世音菩薩だというが、その意味は？

ここで「震災」とあるのは東日本大震災のことでありますね。そのすぐあとで、秋田市で講習会があったときにこういう質問が出たのです。続けて読みます——

この質問が出てきたのは、私が「自然と人間の大調和を観ずる祈り」（中略）の中で「大地震は〝神の怒り〟にあらず、〝観世音菩薩の教え〟である」と書いたからだろう。質問者は、その祈りの言葉をすでに読んでいて質問したと思われる。私はこの祈りの中で、右の言葉にすぐ続けて「我々の本性である観世音菩薩は、〝人間よもっと謙虚であれ〟〝自然の一部であることを自覚せよ〟〝自然と一体の自己を回復せよ〟と教えているのである」と書いた。

この中で注目してほしいのは「本性」という言葉である。生長の家では、我々人間の「本性」ないし「本質」は神の子であると説く。同じように仏教では、人間の本性を仏と見ている。本性とは国語的には「生まれつきの性質」とか「本心」などと説明されるが、これでは生物学的な性質（いわゆる五欲）も人間の本性に入れられてしまう。

（『次世代への決断』、七四〜七五頁）

人間の中には状況に応じていろいろな欲望が出て来ますが、それらは生来のものと言っていい。「五欲」とは仏教用語で、五官の感覚から得られる色・声・香・味・触への欲望です。だから、「本性＝生まれつきの性質」という説明では、そういう欲望もすべて「本性」の中に含まれてしまうことになる。

だから、宗教的には、そんな人間以外の動物にも備わった特徴を除いていき、最後に残った「人間の人間たるべき本質」のようなものを意味する。これは、もっと一般的には「良心」と呼ばれるものに近い。そういう優れた〝本性〟がどんな人間にもあって、それが言わば〝内側から〟個々の人間に何かを教える。そのことを仏教では「観世音菩薩」と呼ぶのである。

（同書、七五頁）

ここで私が言っているのは、私が説明しているような観世音菩薩の解釈が、仏教の教えの中に明確にあるという意味では必ずしもないのです。仏教で教えている「観世音菩薩」というものを生長の家的に解釈するとこうなる、という意味です。私たち人間存在とは離れた、言わば〝外側に〟いろいろな形をした――例えば、腕をたくさん持った観音様や十一の顔をもった観音様などがいるのではなくて、人間の心の〝反映〟としてそういうものが造られるのです。もっと具体的には、この観音様を造った仏師の心が観音像には表れているのです。作者がいなければ仏像や観音像はできないわけですから、観音像にはその観音像を作った仏師の心が表れている。何本も腕をもつとか、顔が何面もあるなどの意味も、人間が考えて作ったものです。それはこれから説明します。つまり、人間あっての観世音菩薩なのです。

こういう理解に立ってみると、「大震災は観世音菩薩の教え」とは――我々が大震災の惨状や、被害の甚大さや、多くの人々の土地や家や仕事が無に帰するという悲惨な現象を体験し、あるいは見聞したとき、我々の〝本性〟が内側から語りかける教え――という意味になる。その内容を、私は「人間よもっと謙虚であれ」「自然の一部であることを自覚せよ」「自然と一体の自己を回復せよ」と三つ挙げた。もちろん観世音菩薩は各人の心の中にいるのだから、その教えの内容も各人必ずしも同じでないだろう。だから、この三つは私の解釈だといっていい。同意する人も、しない人もいるだろう。

（同書、七五〜七六頁）

こういう説明をすると、皆さんの中にはがっかりする人がいるかもしれない。そういう人の中には、「観世音菩薩」という固有名詞をもった偉大な霊人（霊界の偉人）、あるいは権威ある高級霊が実際にいて、それが私たちにもっと客観的な教えを説いているのだ——そう解釈していた人がいるかもしれません。しかしそうじゃなくて、観世音の教えとは各人の主観的な解釈だということになれば、「アンタの解釈はオレの解釈とは違う」ということにもなって、教え自体に権威がなくなってしまう。そんなものは宗教の〝教え〟とは言えない——そんな反論ができるかもしれない。しかし、私がここで申し上げたいのは、そういう軽い意味での「解釈」ではないのです。そのことをこの後、説明します。

その前に、「観世音菩薩」について原語にさかのぼって説明しましょう。その解説をしている文章がこのあと続くので、紹介します。生長の家の幹部の方は、学問的な素養としても、このことはぜひ知っておいていただきたいのであります。

さて、ここまでの説明には、抜けているところがある。それは、「観」という字が示す人間の心の状態についてである。「観世音菩薩」という語は、古代インドの文語であるサンスクリットの「*Avalokitesvara bodhisattva*」の漢訳である。この原語を、インド人を父にもつ中国人翻訳家のクマラジーヴァ（鳩摩羅什、三四四〜四一三年）は「観世音菩薩」と訳したが、『西遊記』で有名な玄奘《げんじょう》（六〇二〜六六四年）は「観自在《かんじざい》菩薩」と訳した。（同書、七六頁）

クマラジーヴァという人は——漢字ではカッコ内にある「鳩摩羅什」という字が当てられますが、この人は西暦三四四年から四一三年まで生きた歴史上の人物で、多くの仏典を漢訳しています。この人が最初、「観世音菩薩」と訳した。しかし、『西遊記』で有名な玄奘という偉いお坊さんは、後に同じ原語を「観自在菩薩」と訳したのです。だから、この二つの菩薩は本来同じもので、漢訳が二種類あるということですね。それを日本人はそのまま輸入して使ってきているわけです。注目していただきたいのは、この双方に使ってある「観」という字の意味です。

この原語の「*avalokita*」までが「観」に該当し、ある対象を心の中に思い浮かべ、それと自分とが同化することを念じ、実践することを指す。日本語に「観察」という言葉があり、これはよく英語の「observe」と同一視されるが、同じ「観」の字を使っていても、観世音と観察では「観」の意味がまったく違うから注意した方がいい。（同書、七六〜七七頁）

谷口雅春先生も「観世音」とは「世の中の音《ひびき》を観ずる」という意味だと教えて下さっていますが、その「観ずる」とは、普通に言う「観察する」こととは違うというわけです。七七頁の三行目に行きます。

観察の場合、観察する者と観察される対象は明確に分離される。科学の態度がこれに該当する。科学者は、研究対象から得たデータを客観的に、冷静に判断しなければならないから、自分を対象と同一化してはいけない。例えば、自分が立てた仮説に合致するデータだけを集めて、そうでないデータを無視した研究などは、科学者としては失格である。これに対し、生長の家に「神想観」があるように、仏教の多くの瞑想法には「観」という語がつく。そして、仏教者が「観」をする場合は、瞑想中のイメージに自己を没入させることで自分の意識（自我意識）を消すことが求められる。仏教者の松原泰道氏は、観の意味を「心中に深く対象を思い浮かべて、その対象に自分が同化して一体となる実践」と定義している。

（同書、七七頁）

観察の場合は、自分と対象はあくまでも別であるという〝冷めた意識〟でやるけれども、瞑想のときはそうではなくて、神想観をする時を思い出していただけば分かりますが、ある一定のイメージに自分を没入し、同一化させていくのです。「神の無限の生かす力、吾が内に流れ入る、流れ入る……」と唱えるでしょう。そういう心の態度は、科学的な観察とは正反対といってもいいと思う。相手を引き離すのと、相手に没入していくのとの違いです。これは間違えないようにしてほしいのです。

このような意味で「観」をとらえるならば、我々が今回の大震災から「観世音菩薩の教え」を正しく聴くためには、被災者の無念や苦しみ、嘆き、悲嘆に心を寄せることはもちろんだが、さらにその〝内側〟から上がる本性の声を聞かなくてはならないのである。

（同書、七七～七八頁）

ここで言っているのは、被災者に対する自己同一化や感情移入は大切で、それは「観世音」の働きの一つであるけれども、それだけに留まらず、被災者の立場になって感じ、考えた時に、自分の内部からどのような〝声〟が聞こえてくるか。それをしっかり意識しようということです。自己同一化や感情移入だけでは、苦痛や悲しみ

図7

に打ちひしがれて生きる力を失ってしまうかもしれない。しかし、人間は苦悩や悲しみの底にあっても〝教え〟を聴くことができるのです。つまり、前へ進むための方向性や暗示、洞察を得る力をもっている。それを得ることで、宗教的な〝教え〟に至るということです。

そういうわけで、原語的な説明は今しましたが、次に「観世音菩薩」の概念には二つの意味合いがあるということを、皆さんには知っていただきたい。

ここでもうひとつ、風変わりな観世音菩薩像をご覧に入れます。（図7）これは、千手観音像で、長野県の修那羅《しょなら》峠に立っているそうです。誰が作ったかは分からない。石に刻まれたもので、明治の初期ぐらいに作られたということです。私は、この像は観世音菩薩の特徴を象徴的によく表していると思うのです。この像をもっと簡単に図案化してみると、こうなります（図８）。これまで皆さんにいろいろな種類の観世音菩薩像をご覧に入れてきましたが、それらをグッと単純化して、削れるものをすべて削り落としてみると、こんな図になるのではないか。菩薩の頭の上にはさらに頭がいくつも付いている。つまり「多面性」を持っている。あらゆる種類の相手に対して、それぞれに適した教えを説く——そのことを多くの顔をもつ仏、例えば十一面観音とか、人間以外の動物の顔をした馬頭観音とかいろいろありますが、それらは結局、教えの多面性や多様性を表していると言えます。また、たくさんの腕があるということは、「同時に多くのことができる」という意味ですから、「自在性」を象徴していると見ることができます。ここには、「観自在菩薩」という漢語訳との共通性があります。

仏教では、このような彫像を通して視覚的に、

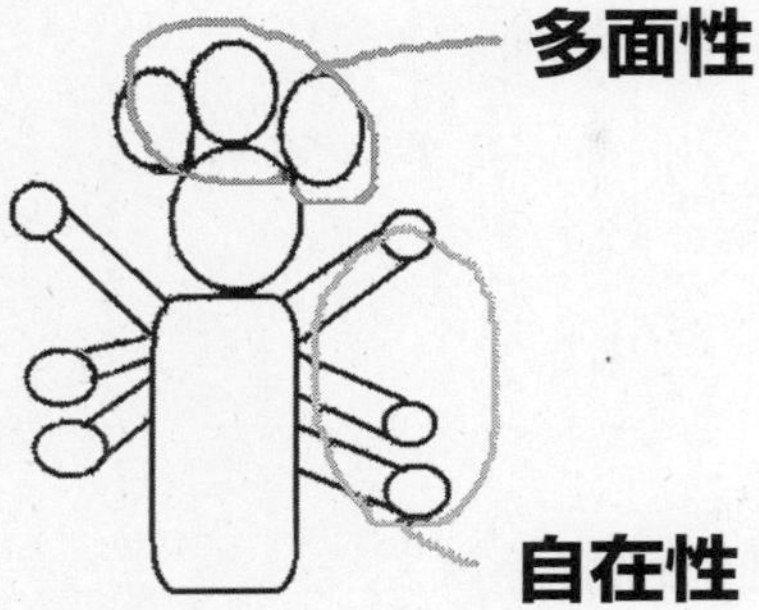

図８

観世音菩薩の救いの働きには多面性と自在性があることを説いてきたのです。また、そのことを言語的に表現すれば、「三十三身に身を変じて衆生を救う」という言い方ができる。これと同じことを別の角度から表現すれば、あらゆる場合に応じて教えを説く存在ということになる。説法をする主体は、本当は我々の内側（心の中）にあるのだけれども、それを外側に〝投影〟して、「千変万化する仏様」として感じるのです。私たちの潜在意識では、このように内と外とがよく逆転するのです。

そう感じるためには、しかし自分と相手とは基本的に別モノであるという前提――科学における observe（観察する）の心境ではできない。そうではなく、相手に対して自分を開く、相手を自分の中に積極的に取り込む――相手の身になって考え、相手の立場に自分を置かなければならない。そういう「観」の心持ちになり、相手に自己を同一化させ、感情移入したときに〝救い〟は訪れ、多くの問題は解決されるということです。そういうことを、昔の人はゴチャゴチャ理屈をつけて説くことはしなかったのです。そんなことより特殊な彫像や画像を描き、それと対面し、感情移入することで、外側のものを心の内側に自然に取り込んで直感的に理解し、救いを得たのだろうと私は思うのです。

もう少し後で、同じことを脳科学の側面からやや詳しくお話しします。今私がしたように、観世音菩薩のことを言葉で論理的に説明しようとすると、煩雑《はんざつ》で分かりにくいかもしれません。しかし、イメージの力は偉大です。人によっては、道端にあるお地蔵さんみたいな観世音菩薩像を見ただけで、こういう複雑な心の動きを直感するのです。そして、信仰心を深めて、救いの契機にしてきたのですね。

ですから生長の家の人たちには、観世音菩薩とは、その像の姿のとおりにたくさんの顔を持ち、たくさん手が生えている何か怪物みたいな霊人で、それがどこかにいるのだと考えてほしくない。そうではなくて、今申し上げたような一人の人間の複雑な、しかし真実の心の動きを引き出すために、昔から工夫され、使われてきた一種の〝本性引き出し装置〟なんです。それを彫像や画像に表してみると、そういう不思議な形態になるということです。私は講話の初めに、「観世音菩薩とは何者か?」という問いかけをしましたが、それに今答えるならば、それは私たちの〝本当の心〟を引き出し、実感するための、伝統的に工夫された信仰の対象であり、またそれを形に表現した彫像、あるいは画像であるということになります。それらを通して私たち人間は、おびただしい数の問題を解決し、宗教的な救いを体験してきたのであります。

観世音菩薩とは〝神の子〟の別名

それでは、二番目の謎解きに移りましょう。その謎とは、「人間は神の子である」という真理と、「生長の家の本尊は観世音菩薩である」という教えには、どんな関係があるかということでした。これは、最初の謎が解ければ案外、分かりやすくなったでしょう？　私たちの本性は皆「神の子」ですから、虚心になってその声を聴くことができれば、それは〝観世音菩薩の教え〟として感じられるということです。先ほど、午前中の最初の方の体験談でも話されましたが、我々が誰かと対立関係にあり、「相手と自分は違う」「立場が違う」「利害関係が対立する」というように排除し合っている場合、問題はこじれ続けます。しかし、心が一転して相手の身になって考えたり、別の観点から物事を見るようになると問題は解決に向かう。そして、これまで自分と対立していた相手が、逆に〝観世音菩薩の教え〟を説いていたと感じるようになる。我々はよく、そういう体験を実人生においてするのです。それは、「人間は神の子である」ということと、これまで申し上げたような複雑な関係において、同じ意味である。〝観世音菩薩の教え〟とは結局、我々の本性が語る教えである——簡単にいうと、そういうことです。

それが、今日の雅春先生のテキストの中にも書いてあるので、次にそれを紹介いたします。この本の「一月二十日の法語」(四三頁)というところです。読みます。

神常《つね》に吾に宿り給うと信ぜよ

吾《わ》が全ての願いは吾が中《うち》に宿り給《たま》う神が内よりもよおし給う願いである。されば吾が願いは決して成就しない事はないのである。吾《われ》は神と一体であるという事を自覚するが故に如何なる願いも必ず成就しないということはないのである。吾は吾が中に宿る神のもよおしに対していと素直にそれに従うのである。神よりの導きは内からも外からも来るであろう。吾に何事でも勧めてくれる人は神が遣《つか》わし給いし天の使である。吾は素直に外の導きにも内の導きにも従うのである。吾はあらゆるものにすなおに喜びをもって従うのである。

（『新版　光明法語〈道の巻〉』、四三頁）

この文章は今、こうして観世音菩薩の話を聞いていた人が読まれると、「ああ、なるほど、その通りだな」と思われるかもしれません。しかし、文章というのはいろいろな解釈が成り立ちますから、ヒネクレテ読めば、すごく〝危ない文章〟だと考えられる余地もある。ちょっとやってみますか、そのヒネクレタ解釈を。三行目に書いてあるのは——

吾は吾が中に宿る神のもよおしに対していと素直にそれに従うのである。

ということです。が、これは誤解する余地がある。例えば、「ああ、講話の途中だけど、ちょっと眠くなったから寝ようよ」とか「おなかがすいたから弁当を食べたいよ」と思った時、それを「吾が中に宿る神のもよおし」だと考えたら、これは間違った解釈ですね。宗教の解釈というのは難しいところがあって、「吾が内に宿る神」といっても、それが自分の中の欲望の求めとどこがどう違うのかということは、区別するのがそう簡単ではないし、非常に重要なことです。しかし、それをどう区別するかということは、この文章には少なくとも書いてない。で、それが少し書いてあるところを紹介します。頁数にしますと一三三頁と一三四頁のところです。「五月十日の法語」の「人間は神的実現」という文章を拝読すると、きちんと書いてあるのですね。

人間は神の造《つく》りたまえる最後の最高の自己実現であるから、人間以下のあらゆる動物の段階の各要素を自己の内《うち》に含んでいる。最後の最高の神的実現にまで生活を高めることも出来れば、あらゆる種類の動物的状態を実現することも出来るのである。肉慾食慾のみに快感を求めるものは、人間でありながら動物の状態に退歩することである。仏典にも人間の内部には、地獄、餓鬼《がき》、畜生、人間、天人の各種要素を自己の内部に包蔵すると説かれている。その要素の中《うち》のどれを発揮するかは人間の自由である。（同書、一三三～一三四頁）

そういう自由を与えられているので、私たちは動物的な生き方もできれば、聖人のような生き方もできる。私たちの心の中には常にいろんな〝声〟が聞こえてきます。だから、それらのどれかを自由に選択せよと言われてもですね、それは注意しないと間違う可能性は大いにあるわけです。ですから生長の家では「三正行《さんしょうぎょう》」*2を常に実践して、実相世界に心の波長を合わせ、そこから来る〝メッセージ〟に合った生き方をしなさい、ということを皆さんに申し上げているのであります。

〝共感する脳〟の発見

さて、この後しばらく、脳科学の話をしたいのであります。その目的は、ここまで私が話してきたことが、脳科学の分野で一部証明されつつあるということを知ってほしいからです。

先ほど読んだご文章の中に、人間の内部には、動物的状態を実現できる、そういう種類の欲望があるという指摘がありましたが、脳科学においてもそれはきちんと説明されています。私はこの画像を講習会でもときどき使うのですが、人間の脳を、両耳を結ぶ線で脳天から垂直方向に切ると、こういう切り口ができる。まあ、相当単純化してしまった図でありますが、大ざっぱな構造としてはこのように描けるわけです。**（図９）**

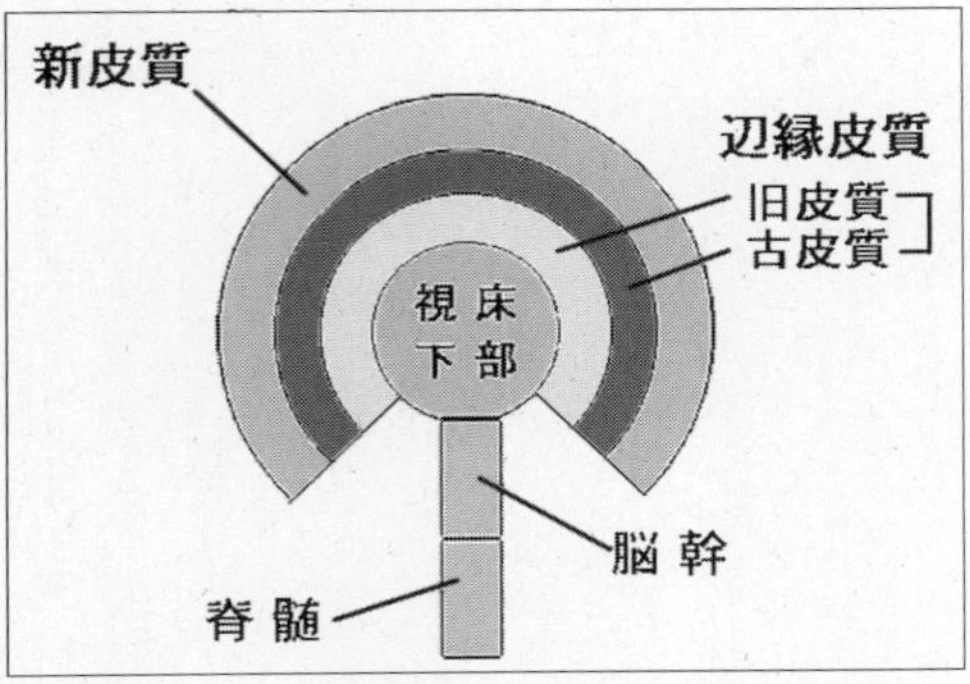

図９

人間の脳の中心部分には「視床下部」と呼ばれる箇所があり、これは、脊髄に近い深いところ――脳の一番奥の方にある。ここは別名「爬虫類《はちゅうるい》の脳」といわれているのですね。私たちの中には、爬虫類と同じ種類の欲望が生まれ、それに従った行動を促す指令系統がある、ということです。しかし、そういう脳が全体に拡がっているのではなくて、その周りを「旧皮質」というのが包んでいて、さらに一番外側には「新皮質」と呼ばれる脳が覆っている。人間の脳の最大の特徴は、この一番外側の脳が高度に発達していて、脳全体を覆い隠すような構造になっていることです。

これに対し、私たちが自分の心を内省した時に感じる〝心の構造〟は、ちょうど逆の形です。つまり、我々の心の〝表面〟には欲望する心があって、その内側のもっと奥深い部分には、「神の子」のような良心がある——そんな実感がありますが、神経解剖学的にはそれとは逆の構造になっている。中心部分にいわゆる〝動物の脳〟があって、その周りを覆い包んでいるのが、そういう動物的欲望を制御する働きをもつ脳——人間の人間たる部分である「理性」とか「知性」の働き、あるいは芸術的感覚などの高度な働きを司る部分であります。

それで、前回のこの全国幹部研鑽会で私が申し上げたのは、その脳の機能の中で、不思議な働きをするものが発見されたということでした。テキストの『次世代への決断』の二七一頁を開けていただくと、そこに「ミラーニューロン」の話が出てきます。

「ミラーニューロン」と名づけたのです。相手の姿や行動を自分の脳の中で再現し「鏡」のように映し出す。だから「ミラー」という名前が冠された。そして、サルにそういう神経細胞があるならば、きっと人間にもあるに違いないと考えて研究してみると、そのとおりだった。

(同書、二七一頁)

これはイタリアのある神経科学者が、マカク属のサルの脳に電極を付けて実験をしていた最中に発見された機能でした。そして、こういう図(図10)もご覧に入れたと思います。マカク猿の実験でミラーニューロンがあると分かったこの二箇所(図中に円形の印で示した所)に対応するように、人間の脳にも、同じような部分に同じような働きをするミラーニューロンが発見されたということでした。人間とマカクの脳には、

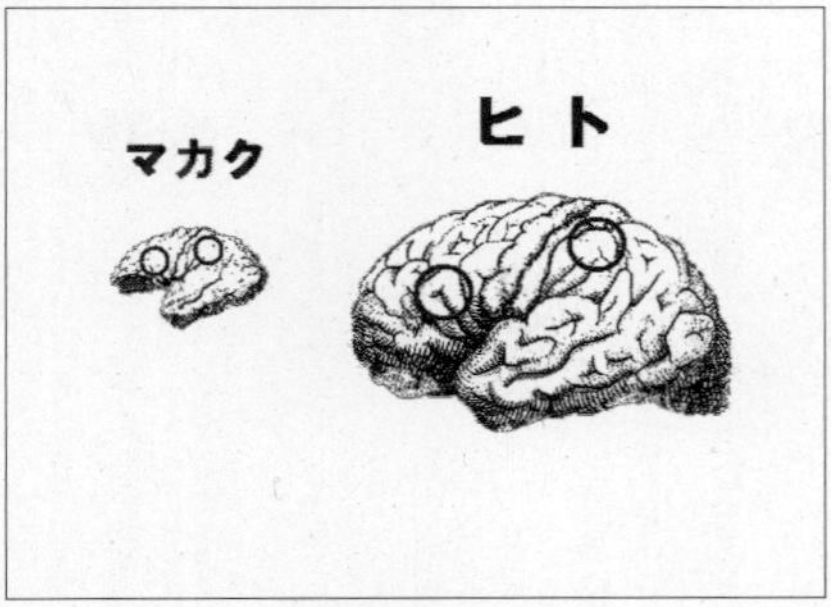

図10

これくらいの大きさの違いがあるようです。二七一頁の終わりから三行目から読みます。

ほぼ同じ位置にミラーニューロンがあることが分かってきた。しかも、人間のミラーニューロンは、サルのものよりもはるかに多くのことをシミュレート（物まね）できるようになっているようなのです。（同書、二七一〜二七二頁）

私たち人間が脳の中で何の〝物まね〟をするかといえば、注目している対象に感情移入するということです。相手の心の〝物まね〟を頭の中ですることです。例えば、テレビでサッカーの試合を観戦している時、私たちは画面でボールを蹴った人を見れば、自分も蹴ったような気分になるわけです。特にそれが、自分の応援しているチームの選手であれば、感情移入や自己同一化の心理が強く働く。それができるのは、このミラーニューロンがあるおかげだということです。また、講習会や練成会[*3]で体験談を発表している人が感動して泣けば、私たちもそれを見て涙をもらいます。それができるためには、自分の心の中で相手の感情が再現できなければいけない。このような自己同一化は、動物の世界では特殊で高度な能力であり、哺乳類の中でも高級なサルと類人猿、そして人間にしかない。というよりは、人間において最も発達しているのがこの自己同一化――宗教的に言えば、自他一体の想いを体験する能力だということです。そういう働きをする脳細胞に、科学者は「ミラーニューロン」という名前を付けて呼んでいる。

〝物まね〟というと、私たちは何か低俗な能力のように考えるかもしれませんが、決してそうではない。子供は物まねによって一人前の大人になるのです。この能力があるおかげで、私たちは芸術鑑賞ができます。例えば、小説を読んだり映画を見たり、落語を聞いたり、文楽に感動したりするためには、まず、作品中の登場人物に自己同一化できなければならない。スポーツ観戦で興奮できるのもミラーニューロンのあるおかげです。ほかの動物たちが、そんな文化活動をやっているのを見たことがないですね。人間だけがそれをやっている。奇妙といえば奇妙です。しかし、これは人間の人間たるべき本質的な特徴である。それを司るところの脳の構造が、先ほどご覧に入れたように、脳の一番外側にあるということを頭に入れておいてください。

人間は生まれながらの信仰者

で、今日は、そこから先へ行きます。何を申し上げたいかというと、「子供の脳」についてなんです。昔の考え方から言えば、子供というものは全く無垢《むく》の、つまり何の汚《けが》れもない心を持って生まれてきている。しかし、それが、世間に出ていろいろの経験を積むにつれて汚れていく（笑い）。そして個性が形成されていく……というようなことが普通、言われてきた。が、最近の研究ではそうではなくて、満一歳までに信仰者になるんだと（笑い）、そんなことを言い出した人がいます。私は最近、こういう本（**図11**）を手に入れて読んでいます。『*Born Believers*』という題です。ブログにもこのことを書きました。

『*Born Believers*』の believers というのは「信仰者」という意味です。born というのは「生む」「出産する」という意味の英語 bear の過去分詞で形容詞的に使われている。ですから、「born singer」といったら、これは「生まれながらの歌手」――例えば、美空ひばりさんみたいな人ですね。それから、「born baseball player」といったら、これは誰でしょうか？　ダルビッシュ選手とかイチロー選手のように、小さいときから野球などの運動能力に優れた人、「あの人は野球をするために生まれた」と言われるような人が該当します。それと同じように、「born believers」とは、イチロー選手や美空ひばりさんのことだけじゃない、複数を表す「s」が語尾についていますから、人間全員を指す。そうすると、この題は「人間は皆、生まれながらの信仰者である」ということを意味しています。

図 11

この本は、そういうことを脳科学、心理学、発達心理学の立場から書いたものです。副題としてはこうあります――「*The Science of Children's Religious Belief*」――子供の宗教心を科学する、そんな意味の副題であります。

著者は、発達心理学者であるジャスティン・バーレットという人（図12）です。この人は、コーネル大学で博士号を取り、今はオックスフォード大学の人類学部の先生をしています。また、フーラー神学校の心理学部の応用発達科学の主任研究員もしている人です。

書いてあることにはなかなか説得力があるので、それを簡単に紹介しましょう。この本では、どういうことを言っているのか。バーレット博士が言うには、世の中には「自然宗教」というものがあるというのです。英語では「natural religion」です。もう少し違う言い方をしますと、人間は生まれてから一歳になるまでに誰でも〝自然に〟信仰心を持つようになり、その信仰の内容を「自然宗教」と呼んでいるのです。バーレット博士に言わせると、科学技術が高度に発達したこの二十一世紀においても、なぜ宗教が滅亡しないかといえば、人間は普通に成長すれば、こういう〝自然宗教〟の信者になるからだということになる。人間

Photo by Jean-Luc Jucker

図12

“自然宗教”の内容

1. 超人的存在がある
2. 自然(物)界を創造
3. 時間・空間に制約され
4. 人格的存在
5. 自由意思で人を裁く
6. 道徳規準を保持
7. 人間は死後不滅

図13

の信仰心は、そんな簡単に滅亡するものではないというわけです。

で、その宗教の信仰の内容はどんなものかと、七つを個条書きにしています。(図13)

一つは、「この世界には人間以上の、人間を超えた能力をもった超人的な存在がある」ということです。そういう考えを人間は皆、満一歳になるまでにもつというのです。二番目の信仰は、「その超人的存在が自然界や自然の事物――動植物や鉱物を創造した」と考えるようになる。それから三番目は、「その超人的存在は時間的空間的には制約される」(笑い)と考えるのです。私たちの信仰では、神は時間・空間を超えていると考えますが、〝自然宗教〟では違うようです。そして四番目は、その超人的存在は太陽や原子力のような、単なる巨大な力ではなくて、「人格をもった存在である」と考えるのです。五番目は、その超人的存在は人格をもっているから、「自由意思において人を裁《さば》いたり褒《ほ》めたりする」。つまり、物理学や化学の法則では、一つの原因があれば、法則によって同一の結果が出る。これは非人格的な力です。しかし、人格的存在では、そこにある種の〝手加減〟が関与する。賞罰の軽重を決めるには自由意思が関与しますから、自由意思をもつものは人格的存在だということです。また、〝自然宗教〟の六番目の信仰内容は、その超人的存在が維持する「道徳規律は変わらない」というのです。つまり、時代や環境の変化によっても道徳的価値は変わらないということです。そういう一定の道徳基準の保持者が「超人的存在」だというのです。

そして、最後の七番目の内容に注目してください。「人間は死後不滅」とあります。つまり、生後一歳の赤ちゃんは、すでに人間は死後不滅だという認識をもっているというのです。この点は、午前中の講話の中にも出てきました。「人間は死なない」――エリザベス・キューブラー＝ロス氏[*4]もこのメッセージを伝えたかったようですが、生後一歳の赤ちゃんはすでにそう考えていると聞いたならば、きっと驚いたことでしょう。バーレット氏などの発達心理学者は、いろんな実験や研究を通して赤ちゃんの信仰心を解明しようというわけです。

ここで思い出すのは、時々、統計とか世論調査をすると、私たち日本人は「無信仰」とか「無宗教」だと答える人が多いということです。しかし、日本の社会現象をよく観察してみれば、そういう答えとは矛盾したことが大規模に起こっています。信仰をもたないならば、あれだけ多くの人々がどうしてお盆になると里帰りをして、墓参りをするのでしょうか？　また、初詣などで神社仏閣へ行くのは、無宗教で無信仰の人がすることでしょうか？　こういう疑問にうまく答えられない。しかし、バーレット博士の考えを採用すれば、私たち日本人は皆、自然宗教の信者と言えるかもしれない。また、人間の心の基盤にそういう信仰があると考えれば、私たちがこれから伝道をする際にも、誰でも〝自然宗教の仲間〟だと思ってつき合えることになる。これはなかなか勇気を与えてくれる知見ではないでしょうか。

もちろん人間は子供から大人になる過程で様々な経験をしますから、幼いころの考えはだんだん変わっていくでしょう。しかし、それにしても、多くの人々が基本的に人間は死んでも死なないんだと（笑い）、そういう意識をもち、〝神〟があるんだと考えるのであれば、私たちの信仰を人々に伝えることはそんなに難しいことではないはずです。もちろん「神」を信じるといっても、それがどんな神であるかということは大変重要で、「正しい神」と「正しい信仰」をしっかり伝えなくてはいけません。

この〝自然宗教〟の信仰内容のリストには、そういうことは掲げてありません。だから、自分が信ずる神はどんな神であるか――例えば、どんな名前で、どんな姿をしていて、どんな性格や徳性を有するかというような細かいことは、赤ちゃんが大人になるまでに、自分の両親や家族、社会と触れ合う中で周囲から吸収し、また自分で個別、具体的に組み立てていくのでしょう。だから、人間は初めから〝無垢の存在〟ではなく、〝自然宗教の信者〟として生まれているんだと。もしそれが本当ならば、私たちはもっと勇気をもって、自信をもって教えを広めることができると思うのです。ただし、この七カ条だけではいけない。これは出発点の信仰です。そこから出発して、生長の家が説いている〝善一元の神〟にまで早く到達していただかねばなりません。

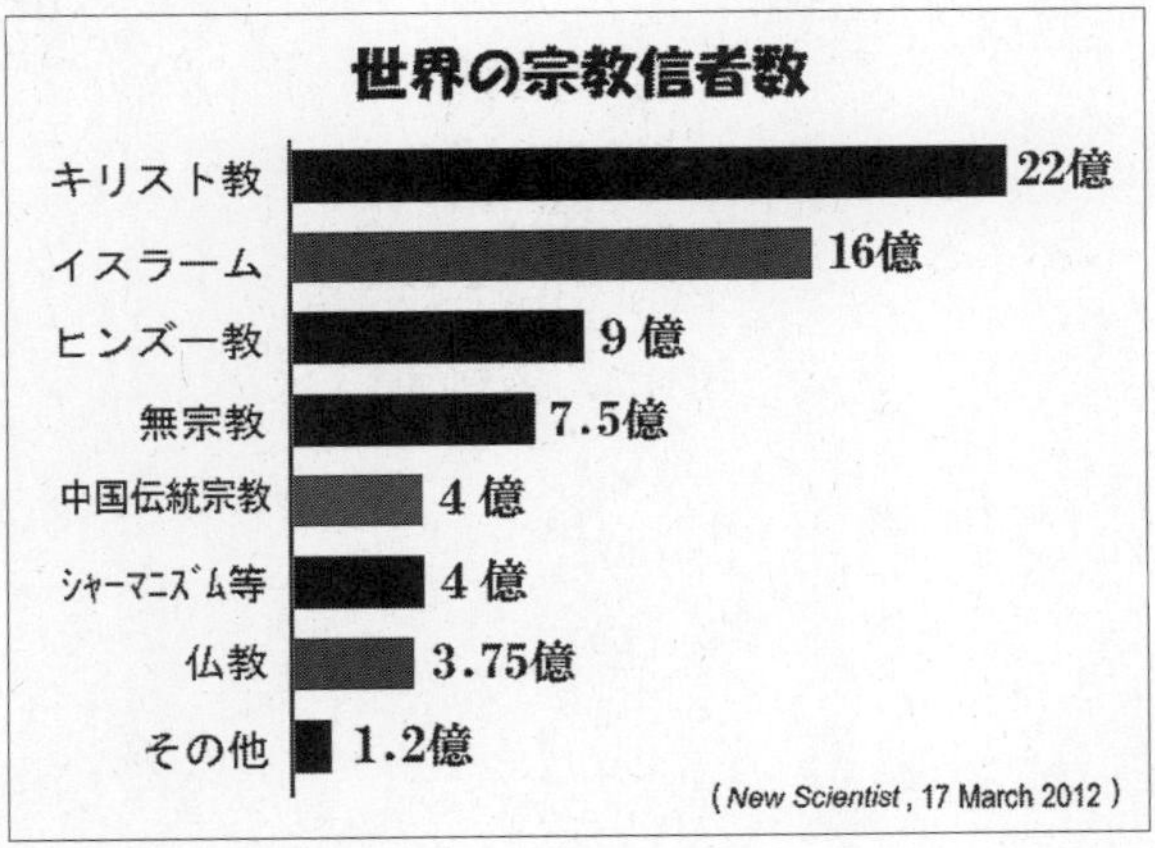

図14

最近、世界の宗教信者数の統計が『*New Scientist*』（二〇一二年三月号）という科学雑誌に紹介されていました。この人数を全部足すと六十七億くらいになりますが、人類の人口は七十億人になったという報告が去年の秋ごろにありましたから、その少し前の統計に基づくものかもしれません。（図14）

それによりますと、キリスト教の信者の数は二十二億人、イスラームは十六億人、ヒンズー教は九億人、そして「無宗教」というのが七・五億人いるそうです。それから、中国伝統宗教というのは、仏教も含めて道教とか儒教などを含めて四億人。シャーマニズム、あるいは部族宗教と呼ば

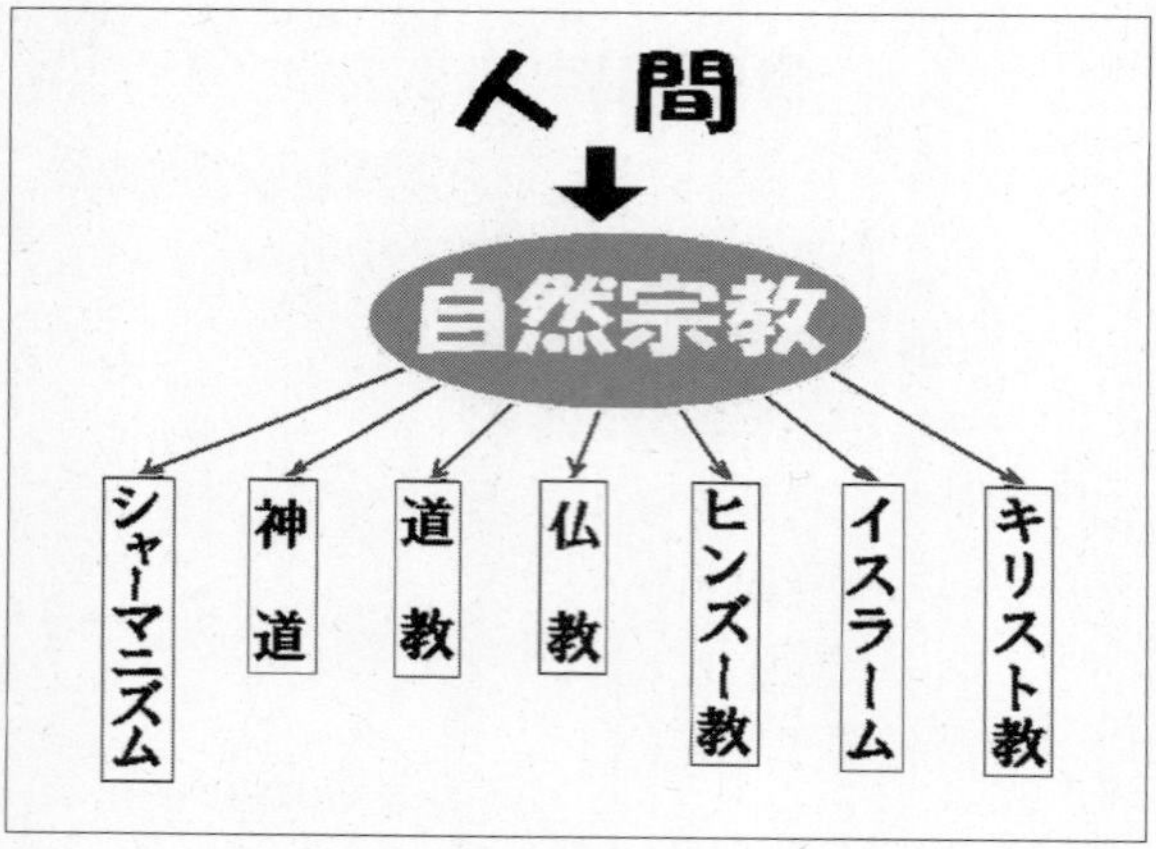

図15

れているアフリカの宗教は、ブードゥー教なども含めて四億人。そして、仏教徒は案外少ないですが、四億人を少し下回る。その他が、一・二億人だから、生長の家はこの辺にあるかもしれません。

こうしてみると、世界の大多数の人が何らかの宗教を信じている。ということは、我々は生まれつき神を信仰するようにできているというジャスティン・バーレット博士の考えが、間違っていないように思われます。この図（図15）は私が描いたものですが、ここにあるように、人間は、当たり前に親のもとで成長していけば、ある種の信仰心を自然にもつようになる。その信仰心を核として、その土地で吸収し、親から受け継いだり、誰か伝道師から教えられ、それに共鳴するなどして、ある特定の宗教に入る。このようにして、それぞれの地域、それぞれの時代に発達した宗教が今日まで存在していると考える。そうすると、こういう構図が描けるかもしれない。これは、何となく「万教帰一」を思わせる図でありますね。ただ、私はブログにも書きましたが、これは万教帰一の考え方と同一とはいえません。なぜなら、人間に共通する信仰心である「自然宗教」に基づいて各地のローカルな宗教が生まれてきたということだけでは、宗教同士が争いや戦いをしてきたことの説明が難しいからです。もともと同じ信仰をもつ人が、なぜ戦うのかという問題です。この問題については、今日は残念ながら、時間がないのでお話しできません。

信仰心の起源を探る

では、なぜ赤ちゃんが自然に信仰を持つようになるかを、少し説明しましょう。この話を白鳩会で説明したら、難しくてあまり評判がよくなかったです（笑い）。でも、論理的なことがお好きな方もいると思うので、これから説明を試みます。

まず、皆さんには赤ちゃんの立場になっていただきたい。皆さんは今、自分が赤ちゃんだと思ってください。すると、何が一番重要でしょうか？　赤ちゃんとして何が大切か？　つい数カ月前、この世に生まれ落ちたばかりで何も分からない、言葉もしゃべれない、もちろん立って歩くことはできないし、自由に動くこともできない。そんなときに何が重要かといえば、まず、自分の助力者を見つけ、その人に助けてもらうことです。これを発達心理学的に言うと、赤ちゃんが最も早いうちに獲得しなければならない能力は何かということで、それは「行為の主体者」と「客体」とを区別する能力だというのです。何か難しい表現ですね。どういう意味でしょうか？

皆さんが今、赤ちゃんであり、お母さんのおっぱいがほしい、あるいはおしめを替えてほしいというときに、何をしますか？　まず、赤ちゃんは何か反応するでしょう。難しい言葉で言えば意思表示をするわけです。どうやってそれをしますか？　まず泣きます。なぜ泣くのですか？　それは、自分がしてほしいことをしてくれる誰か――つまり、「行為の主体者」に対して、メッセージを送るためです。すると、その行為の主体者が目の前にいてもいなくても、自分が希望することを何でもやってくれる――そういうこの世の仕組みを、まず赤ちゃんが知ることが必要です。しかし、その場合、呼びかける相手が何であっても目的が達成されるわけではない。例えば、自分のベッドの上で回っているおもちゃや、転がっているガラガラに話しかけても、泣いても、何も答えてくれないし、何もしてくれないでしょう。だから赤ちゃんは、話しかけると何かをしてくれる――これがつまり「行為の主体者」です――多くの場合それは母親ですが、そういうものと、話しかけても何もしてくれないもの――単なる物体や縫いぐるみの動物、玩具、本……つまり、「行為の客体」との違いを知り、その二つを区別する能力を得なければなりません。それが「行為の主体者」と「客体」との判別です。

ですから、赤ちゃんはその能力を真っ先に獲得する、と発達心理学では考える。例えば、この図（図16、次頁）にあるように、人は鉛筆を動かすけれども、鉛筆は人を動かさない、と知らなければならない。選手はボールを蹴るけれども、ボールは選手を蹴らない。犬はベルを鳴らすかもしれないけれど、ベルは犬を追いかけたり鳴らし

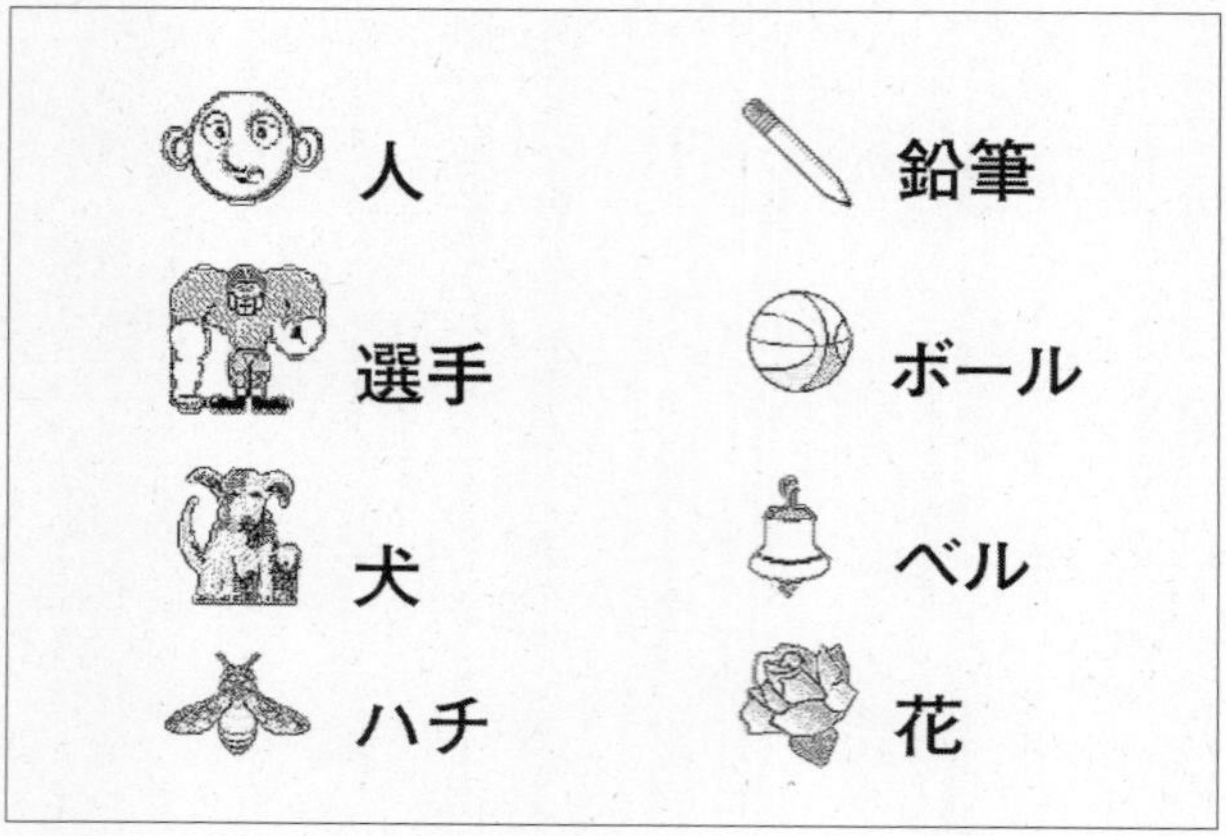

図16

たりしない。ハチは花に飛んで来て蜜を吸うけれども、花はハチのところへ歩いて行ったりしない……そういうことを赤ちゃんは真っ先に知る必要があるのです。この「行為の主体者」と「客体」とを区別する能力は、赤ちゃんにとって最も大切で、自分の生存を左右するほど重要な能力であるということで、赤ちゃんはまず、この能力を得るのです。

次の段階として、赤ちゃんには何が必要でしょうか？　それは、これら二種類のものへの働きかけ方を習得することです。物（客体）を動かすためには、自分の手足を動かして直接それに触れなければならない。

しかし、「人」のような行為の主体者を動かすためには、相手に直接触れる必要は必ずしもない。それよりは、相手は自分の意志で動くのだから、話したり、泣いたりして、自分の意思を伝えればいいのです。例えば、テーブルの上に載っている塩入れをほしいけれども、自分の手が届かないときは、相手の腕を取り、それを使って塩入れをかき寄せる必要はない。そうではなく、単に「塩入れを取ってください」と相手に頼めばいいのです。そういうことを、赤ちゃんは学習によって知ることになる。

このようにして、赤ちゃんは生後三カ月ごろには、自分が行為の主体者と交流をもつためには、直接的な接触は不要だということを知る。このころから子供は目の前に人がいるときには笑いかけたり、小声を出したりして、自分の目的を達成することを覚えるようです。これは、言葉を覚えるよりもまだずっと前の段階です。

これを別の「原因」と「結果」の考えでとらえてみましょう。すると主体が原因であって、客体はその結果であると言えます。例えば、鉛筆が動いた時は、鉛筆は行為の客体ですから、それ自身を原因として動くのではなく、鉛筆とは別の行為の主体がどこかにいて、それが原因となって鉛筆は動く。幼いときから子供はそのように、主体と客体というものを別個のものとしてきちんと判別する学習をするようです。しかし、それは子供ですから間違うこともあるわけですよ。間違いというのは、例えば主体でないもの――つまり客体を主体だと考える。しかし、この間違いは、その逆である「主体を客体だと考える」という間違いよりは、一般にリスクが少ない。主体でないものとは、例えばこのマイクロフォンです。このマイクロフォンに、「おなかがすいた。おっぱいほしい」と頼んでも何もならない。何事も起こらない。ということは、何の害もないからいい。でも、その逆――例えば主体である母親に対して、それを客体だと思って何もしないでいれば、赤ちゃんはおっぱいをもらえないし、おむつも替えてもらえないし、好きなことをさせてもらえない。このリスクは大きいです。ですから、赤ちゃんの心は主体を客体だと認識する間違いよりも、客体を主体だと認識するエラーの方を数多く起こすように進化している。そのことで「宗教の起源」が説明できる、とこの人は考えるのですね。

まぁ、ちょっと複雑で分かりにくいと思うので、マンガを使って説明します。例えば、私たちが森の中を一人で歩いているとします。そうしたら、そこで何かが突然起こります（効果音）。今、リンゴが上から落ちてきました（図17）。そうすると、私たちは「リンゴが落ちる」という結果から、その原因を知ろうと思います。言い直すと、リンゴという客体を動かした「行為の主体」を探すわけです。しかし、その行為自体は見えないところで起こっているので、この結果を見て原因を類推するのです。そして、たぶん「あ、この森にはリンゴの木があるんだ」と思う。そして、リンゴの木の枝から、何かの原因で実が落ちたと類推する。その原因とは、「風」とか「鳥」とか「小動物」とかいろいろ考えられます。

でもこの世界では、このように原因が類推しやすいことばかりが起こるとは限らない。たまにはこんなものも落ちてくる（効果音）。

図 17

図 18

時計が落ちてきました（図18）。この原因はちょっと簡単には類推できないですね。森の中を歩いている時、誰もいないはずの木の上から時計が落ちてきた。上空を飛行機が飛んでいたのか、カラスが時計を運んできたのか……、そうだとしても簡単には信じられない。いろいろ考えるけれども、原因が分からないということになると、私たちは不安になります。そんなとき、原因が分からない不安を解消するために、そこに〝神の力〟というものを想定することもある。これはもしかしたら「客体を主体だと認識するエラー」かもしれない。しかし、そういう感受性を、人間は人生の初期に自然に獲得するというわけです。

人間がもつ二つの感性

何か難しい言い方で、難しい話をしているように聞こえるかもしれませんが、そんなことでもないのです。最近の私の経験を申し上げましょう。それを聞けば、「何だ、そんな簡単なことか」と皆さんは納得してくださるかもしれません。

私はこの間、谷口輝子先生の年祭のために長崎の生長の家総本山へ行きました。その御祭が行われる朝、早めに目を覚ましました。なぜかというと、カラスが鳴いたからです。「カーカーカー」って、私が寝ている公邸の屋根の上で大きな声で鳴いたので、私はぼんやりと目を覚まして「何時ころかな」と思って時計を見たら五時ちょっと前でした。もう少し寝ていたかったのですが、もう五時には起きるわけですから、これはカラスが「もう起きろ」と言って鳴いたんだと思って、私は起きることにしました。

どう思います？　皆さん。こんな考え方はおかしいですか？　私は、カラスが自分を起こすために「起きろ」と言って鳴いたと解釈したのです。森の中を歩いていて突然、目の前にリンゴが落ちてきた人のことを思い出してください。そのリンゴを「神様からのプレゼント」だと解釈することと、そんなに違わないかもしれない。こういう心の反応って、皆さん案外多いのではないでしょうか？　人間は何となくそう感じるんです。もちろん科学的ではないし、論理的でもない。これは多分右脳の働きですね。左脳的に、論理的に考えてみたら、カラスが私を起こすために鳴くはずはない。朝、長崎県の空を飛ぶカラスは無数いるはずです。その中の一羽だけが、わざわざ自分の飛行コースを変えて、無数の人家の屋根のうち、他のどこでもない公邸の屋根を選んでその上に止まり、私に向かって「起きろ、起きろ」と促して鳴く。そんなはずはないのです。でも、私はそのときに左脳的に考えないで、別の考え方をしたのです。人間はこういう別の考え方の回路——右脳的感性をもっているのです。左脳的に考えれば、きっと「単なる偶然」ということになるでしょう。しかしそうじゃなくて、どうせもうすぐ五時なんだから、「あ、カラスが起こしてくれた。ありがとう」と思って起きる。すると、自分とカラス、自分と世界との温かい関係が生まれます。それは、

「カラスは神の使者だ」というと大げさですけれどもね（笑い）。それは大げさでも、「観世音菩薩からの通信だ」と考えれば、それほど間違っているとは言えない。ん？もしかしたら本当にそうかもしれない（笑い）。このような偶然とは思えない出来事や符合みたいなことは、人生にはいっぱいあると思うのですね。

左脳と右脳の違いについてはもう何回も皆さんに話しているし、テキストにも書いてあるので、詳しい説明はここではしません。分からない人は後で読んでください。でも、ごくごく簡単に言えば、人間は論理的に考える左脳と、直観的に物事を判断して感じる右脳というのを持っていて、それが心の中に同居しているのです。ですから、不合理な考えと合理的な考えが一人の人間の中に併存する。私は毎週の生長の家講習会の講話では、人間一人一人にカラスの使いを寄こすような神様の話をしていません。生長の家はそういう神様を説いていません。しかし、朝早くて頭がまだ朦朧《もうろう》としているときには、人間にはフッとそういう考え方が出てくる。それは悪いことではないし、それこそ〝自然〟なことです。

世の中の現象には、詳しい因果関係が分からないものはたくさんあります。さっきのカラスの話もそうです。あれは「偶然」で説明されるかもしれないが、森の中で時計が落ちてくるような、とても「偶然」では説明できないような話もあります。その場合、私たちは仮に原因を作ってしまう。その作り方には共通性があり、それが自然宗教における〝信仰心〟である――先ほど紹介したジャスティン・バーレット博士は、そういうことを言っているのだと思うのですね。

こう考えると、自然宗教的な信仰の中身は間違っている場合も少なくないと思います。右脳的な判断が優先されるからです。生長の家は理性的な宗教であり、左脳が得意とする論理的な思考を尊重します。ですから、谷口雅春先生は神を求めてしっかりとした論理的考察を進めたすえ、人間の信仰すべき神は「善一元」の「唯一絶対の神」であるとの結論に達したのです。しかし、右脳的な感性を否定したわけでは決してない。だから我々は生長の家総本山を造って、神道的な様式にしたがって「住吉大神」を拝むわけです。また、「観世音菩薩は生長の家の本尊である」とも言うのです。矛盾していると言えば確かに矛盾している。しかし、その「矛盾」の感覚はまた左脳の判断によるものです。人間はこの左脳のほかに右脳も使って生きていますから、言わば

〝二つの感覚〟を持っている。ですから、その双方を活かした生き方というものが必要であるし、その一方が欠けてしまうと満足できないし、問題も起こるのであります。

右脳だけの体験

右脳と左脳の話が出てきたので、この「右脳的な感性」とはどんなものであるかを述べたいと思います。私は『日時計主義とは何か？』（二〇〇七年刊）を書いて以来、この感性を現代人は忘れがちであるという話をずっとしているのですが、「右脳だけの生活」というのは自分でも体験したことがない。右脳はもちろん誰にでもあって、毎日使っているのですが、左脳と協動して機能しているので、右脳だけの感覚というのは分からなかったのです。ところが、それを具体的に分かりやすく描いている本を最近読んだので、それを皆さんに紹介したいと思います。（**図19、次頁**）

この本は『奇跡の脳』（新潮社刊）というタイトルで、書いた人はジル・ボルト・テイラー博士です（**図20、次頁**）。この人はインディアナ医科大学の神経解剖学者で、

図19

図20

その分野ではすごく優秀な学者であった。若い三十代のときにすでに博士号を取り、この道を希望をもって進もうとしかけていた矢先に脳卒中で倒れるのです。しかも、左脳を損傷した。左脳は言語中枢であり、学問には不可欠の言葉の操作、論理の組み立てを担当します。彼女の学者生命はこれで終わったかに見えましたが、八年間のリハビリで見事に立ち直ったのです。彼女は脳解剖学者ですから、脳のどこの部分がどういう機能を司っているかを詳しく知っていて、自分の脳の損傷具合も詳しく分かり、その損傷と自分の内的感覚の間のコネクション（関係性）も体験できるという、非常に稀な機会を得たわけです。自分はここがこうやられたからこんな感覚に襲われている——そんなことが書けるのは、恐らくこの人しかいない。少なくとも、めったにないことです。ですから、脳のことを詳しく知りたい方はぜひ読んでいただくといい。

また、インターネットを使える人は、ユーチューブで本人が自分の体験を語る動画を見ることができます。これはなかなか感動的です。興味ある方は「Jill Taylor」で検索して視聴することをお勧めします。

さて、まずこの人の脳のどこが損傷したかを簡単に説明します。脳の図を出します（図21、次頁）。向かって左側が前額部、つまり額の側です。目はこちらについています。右側は後頭部です。ですから、この図は左脳を左側面から描いている。損傷した部分は今、画面で点滅しているところで、ちょうど左耳の上の部分です。従って、ここにある機能——体の境界や空間と時間を認識する部分と、言葉の意味を理解する部分などが損傷されてダメになった。その時、どういう感情を持ったかということが、この本の中に書いてあります。ちょっと読んでみます。

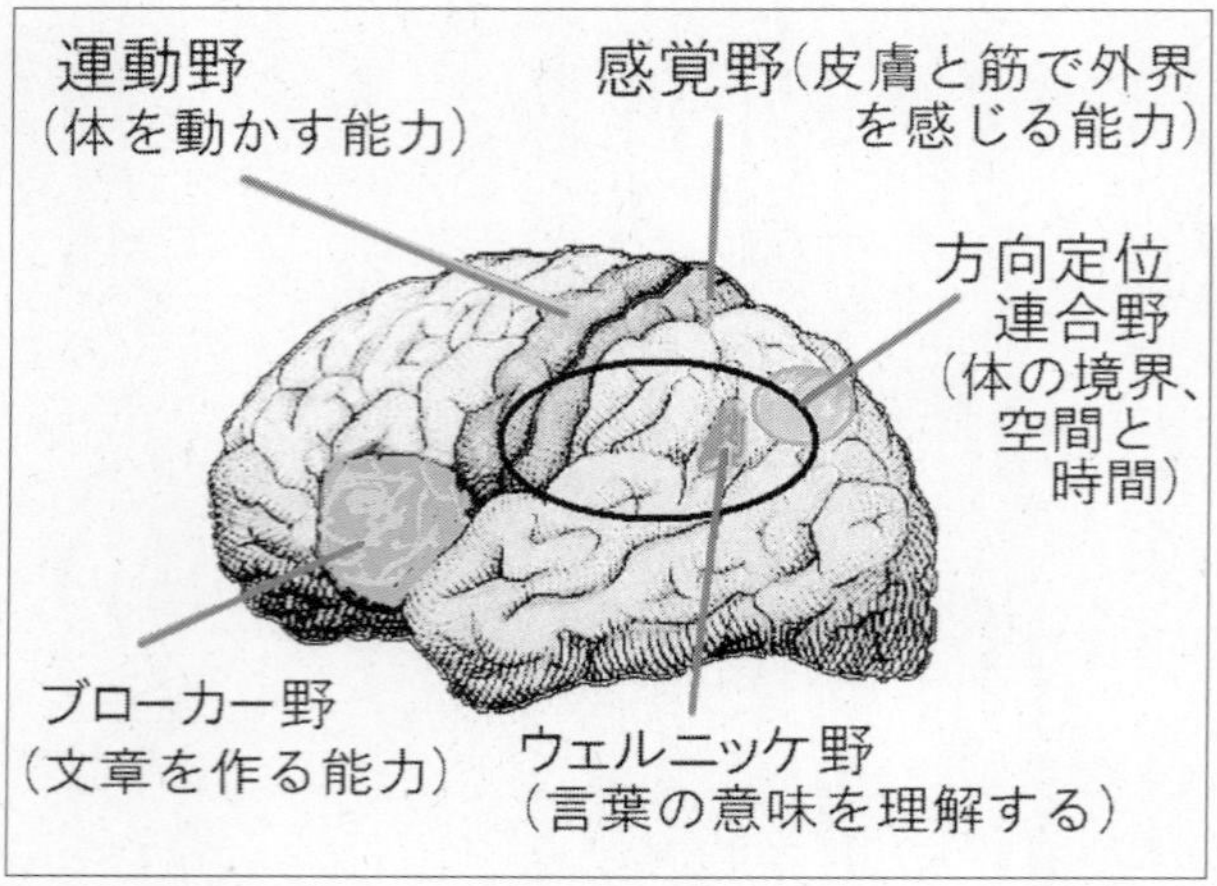

図21

左脳とその言語中枢を失うとともに、瞬間を壊して、連続した短い時間につないでくれる脳内時計も失いました。瞬間、瞬間は泡のように消えるものではなくなり、端っこのないものになったのです。ですから、何事も、そんなに急いでする必要はないと感じるようになりました。波打ち際を散歩するように、あるいは、ただ美しい自然のなかをぶらついているように、左の脳の「やる」意識から右の脳の「いる」意識へと変わっていったのです。（同書、七二頁）

何かを「やろう」ということではなくて、自分がここに「ある」ということ、「いる」ということをしっかりと見つめ、感じるようになったというのです。

小さく孤立した感じから、大きく拡がる感じのものへとわたしの意識は変身しました。言葉で考えるのをやめ、この瞬間に起きていることを映像として写し撮るのです。過去や未来に想像を巡らすことはできません。なぜならば、それに必要な細胞は能力を失っていたから。わたしが知覚できる全てのものは、今、ここにあるもの。それは、とっても美しい。

「自分であること」は変化しました。周囲と自分を隔《へだ》てる境界を持つ固体のような存在としては、自己を認識できません。

我々が通常感じているのは、自分と隣の人は「別の人間だ」ということです。そういう感覚が左脳を損傷することで失われるのですね。

ようするに、もっとも基本的なレベルで、自分が流体のように感じるのです。もちろん、わたしは流れている！　わたしたちのまわりの、わたしたちの近くの、わたしたちのなかの、そしてわたしたちのあいだの全てのものは、空間のなかで振動する原子と分子からできているわけですから。言語中枢のなかにある自我の中枢は、自己《セルフ》を個々の、そして固体のようなものとして定義したがりますが、自分が何兆個もの細胞や何十キロもの水でできていることは、からだが知っているのです。つまるところ、わたしたちの全ては、常に流動している存在なのです。

（同書、七二〜七三頁）

テイラー博士は、脳卒中後にこういう実感を得るようになった。『生命の實相』の中にも、我々が「物質」として固体のように感じるものも、それを構成する分子の間には星と星の間のように隔たった空間がある、と書いてありますね。しかし、我々はそれを実感しない。人間の体というものは、ガッシリとした固体だと思っている。けれども、左脳のある部分の機能が失われると、「自分は流体だ」という感覚に変わって、全てのものと一体だと感じる。それがすごく幸福だと感じるようになったというのです。だから、脳卒中から回復することをためらいさえしたようです。

回復しようという決断は、わたしにとって難しく複雑で、よくよく考えなくてはいけない選択でした。一方では、わたしはいま現在の、永遠の流れに漂うような幸福感が大好きでした。好きにならない人なんているかしら？　そこは、とても美しいんだから。魂は自由に輝き、壮大で平穏でした。（同書、九〇頁）

そして、テイラー博士はこんなことを言っています——

脳卒中により、わたしは内なる自分を発見しました。ほんの少し、考え方や感じ方を変えるだけで、深い心の安らぎが得られることに気づいたのです。安らぎを体験するといっても、人生がいつも歓喜に満ちあふれている、という意味ではありません。あわただしい人生の、あたりまえの混乱の中にあっても、心の歓びに触れることができるという意味なのです。多くの人にとっては「考える頭」と「思いやる心」のあいだの距離は、ときとして遠く離れているように感じられるでしょう。ある人は、この距離を思いのままに横切って進みます。またある人は、絶望や怒りやみじめさに深くとらわれて、心の安らぎなんて別世界のものです。

左脳マインドを失った経験から（左脳が損傷したことですね）、深い内なる安らぎは、右脳にある神経学上の回路から生じるものだと心の底から信じるようになりました。この回路はいつでも機能しており、いつでもつなげることができます。

（同書、一九四頁）

彼女はこの本の中で、その回路をどうやってつなげるかについても書いています。興味のある人は読んでください。

偏りのない文明へ

そろそろ講話のまとめに入りましょう。

この講話の最初で私が申し上げたのは、「観世音菩薩とは何か」ということでした。そのことと〝自然宗教〟とを関係づけて言えば、人は皆、赤ちゃんのころから観世音菩薩の教えを聞くことができる。そういう能力をもっていると言うことができます。それは別に〝超能力〟とかそういう異常なものではなくて、普通に親との愛情ある関係をもてた人ならば、誰でも自然にもてる能力である。それを最近では「自然宗教」という名前で呼ぶ学者も出てきている。ですから、観音様とは、霊界のどこかに棲《す》む、超能力をもったスーパーマンやスーパーウーマンのことではなく、「自分の本心」のことである。この本心の声を正しく聴くためには、やはり左脳偏重の生活をしているのではダメだということです。人と自分は別モノであるとか、自分と環境は別個のものだという考え方は、左脳が作り出す感覚であるから、右脳をもっと活性化して、自他一体感を深める生活を実践していくことが必要になっているのです。

去年と一昨年、この全国幹部研鑽会で取り上げた表（図22）をここに持ってきました。先ほども申しましたが、脳の機能に右脳と左脳とミラーニューロンがあるように、「自然」界に目立つ特色、「都会」において顕著な特色の二つが、この表には対比させて並んでいます。私は、そのどちらかを取れというのではありません。どちらも重要だから、いずれの特色も考慮してバランスの取れた生き方をしなければいけないということです。その理由は今、脳科学的に説明できる。宗教的にも説明できます。

物の見方は、自然界では「アナログ」的な見方、都会では「デジタル」に切り分ける考え方が強い。人や環境との関係では「包容的」な自然に対して「排他的」な都会。物事の注目点では、自然は「対称性」（類似性）を重視するけれども、都会は非対照性――人と違うところを重視する。心の領域では、我々の心には広大な「潜在意識」の領域があって、それはどちらかというと自然界と近い関係にあり、これに対して都会は「現在意識」の覚めた論理で機能している。判断の傾向としても、環境との触れ合いや体験を重視する考え方がある一方で、効率重視の考え方がある。自然に近接して住む人は「体験」を重視する生き方をするが、都会では体験よりは効率が優先される。そして、自然との関係は「バーチャル（擬似的）」で済まされるか、極端な場合は「無関係」でも構わないという考え方が増えてくることになります。

また、環境との距離については、自然はもちろん「環境密着」型であって、環境そのものである。しかし、都会では環境とは懸け離れたも

	自　然	都　会
脳の機能	ミラーニューロン 右　脳	左　脳
ものの見方	アナログ	デジタル
	包容的	排他的
注目点	対称性	非対称性
心の領域	潜在意識	現在意識
判断の傾向	体験優先	効率優先
環境との距離	環境密着	環境遊離
エネルギーの増減	減エネ	増エネ

図 22

のを作っていくことが良しとされます。超高層ビル群や高速道路、地下鉄やモノレールなどを思い出してください。今、問題になっているエネルギーの消費という面で考えれば、エネルギー消費を減らすのは自然と一体になった生活を送ることである。都会ではご存じの通りエネルギーを大量に使うので、原発を運転させなければ間に合わないという状況になっているのであります。

生長の家は、もちろん都会の生活を否定するのではなくて、都会生活の〝過剰〟を問題にしているのです。この過剰部分を減らし、不足している自然との一体感を増やしていく。別の言葉でいえば、持続可能性の実現です。それが今、人類全体にとって必要なことなのです。今、地球全体で都市化が猛烈な勢いで進んでいます。世界の人口の半分が都会に住んでいるそうです。半分ですよ。先進国だけの話じゃない。途上国も含めたすべての人類の半分が、都会に住むようになった。人類全体が自然から遠ざかる方向へ走っているのです。それにともなってエネルギー消費が爆発的に増え、資源が枯渇して、それぞれの国が資源獲得のために勢力拡大を図っています。武力を拡張したりミサイルを開発している。極地や高山、遠い島々や大陸など様々な地域に船を送ったり、資源調査の要員を派遣している。これらは皆、自国と他国とを別個のものとして見る左脳的な考え方が基本となっている。自分が先に取らなければ、他人に取られてしまう。こういう考え方だけでは、人類は救われないのです。

人類が救われるのは、脳の右と左に機能が分散しているように、この表に並べた両方の要素がバランスよく配分された社会を構築できたときです。私たちはそのバランスを取り戻すために、自然にもっと密着した生き方、宗教運動としても「自然と共に伸びる」運動というものを実現していこうとしているのです。ぜひ、皆さんもそういう大きな視点から、私たちの運動を理解してください。この運動は一世代や二世代で終わらせてはいけない。人類の歴史とともに続き、発展させなければいけないのです。我々の運動は、今はたとえ微力であっても、その小さな前進を積み上げ、継続していけば、やがて〝大きな山〟を越えることができるでしょう。そういう意味で、ぜひ皆さまのお子さまやお孫さんにも正しい信仰を伝えていただき、自己の本性である観世音菩薩の教えを聴きながら、人間が本来もつ神と自然との一体感をさらに深め、人類の幸福と自然との共栄を実現させていきましょう。

ご存知のように、生長の家の国際本部は二〇一三年に〝森の中〟へ移転します。皆さま方は、それぞれの地域、それぞれの立場でいろいろな選択肢をもっておられると思います。ぜひ、今日私が申し上げた観点をお仕事や生活の中に一つでも二つでも取り入れていただいて、我々の子や孫が安心し、人間らしく生きられるバランスの取れた生活環境と文明の構築にご協力いただきたいのです。この仕事には緊急性がありますす。地球温暖化は急速に進行しており、資源の枯渇は進んでいます。できることを今から始め、その仲間を拡大して下さることを切に念願する次第であります。

これで私の話を終わらせていただきます。ご清聴ありがとうございました。(拍手)

——二〇一二年四月、生長の家白鳩会全国幹部研鑽会、生長の家相愛会・栄える会合同全国幹部研鑽会、生長の家青年会全国大会での講話

＊1　生長の家創始者・谷口雅春師の夫人。一八九六年三月七日に富山県高岡市に生まれる。一九八八年四月二十四日に満九十二歳で昇天。

＊2　生長の家信徒の基本的宗教行で、神想観、聖経・讃歌の読誦と聖典等の拝読、愛行の三つを行うこと。

＊3　合宿形式で生長の家の教えを学び、実践するつどい。

＊4　一九二六年にスイスに生まれる。米国ニューヨークのマンハッタン州立病院、コロラド大学病院、シカゴ大学ビリングズ病院などで精神科医として勤務。臨死体験の研究では草分け的存在。著書に『死ぬ瞬間』（中公文庫）、『死後の真実』（日本教文社）ほか。二〇〇四年没。

第二章　対称性の論理を学ぶ

「対称性の論理」とは

皆さん、ありがとうございます。（拍手）

これからの講話は一時間の予定であります。これまでの全国幹部研鑽会や全国大会では、私が三年ほど似たようなテーマでお話をしてきたことを、皆さんはお気づきであろうと思います。その中で簡単に触れてきたことなのですが、まだ充分に説明していなかったことに焦点を当てて、今回はお話ししたいと思うのであります。

それは「対称性の論理」というものです。これが今日のキーワードであります。これを是非、皆さんは覚えて帰っていただきたい。これはどういう種類の言葉かといいますと、社会科学の分野では心理学——特に精神分析学、それに文化人類学の分野で使われている言葉であります。だから、この方面の勉強をされた方はすでにご存じでしょう。ところで、心理学も文化人類学も、宗教とは大変関係が深い学問です。ですから、この言葉は私たち宗教を信仰する人間にとっても、大いに関係があるのです。皆様方は、幹部活動をされていらっしゃる方ですから、この言葉の背後にある考え方を理解し、それを自らの信仰の確認と運動や生活に応用することで、必ずよい結果を得ることができると私は思います。

この「対称性」という言葉に対して、「非対称性」という言葉が使われます。この二つは対句です。生長の家でも「実相」に対して「現象」という言葉があり、私たちはこの二つの言葉を心の〝枠組み〟として使って、世界を理解します。それと似た役割をもった言葉であります。ですから、皆さんの生活やお仕事の面でも、この二つの言葉は参考になると思うし、これからの生長の家の運動も、これらを一組のキーワードにして展開していきたいと考えています。

先ほども申しましたが、この二つの言葉はもともと学問的な用語です。しかし、宗教とも関係が深いということを、講話の最後のところでは具体的に説明します。『大自然讃歌』という経本を今日のテキストにしましたが、その構造や天使と天の童子の会話の中に、この対称性、非対称性の論理が浮き彫りになっているのです。また、谷口雅春先生は「対称性」とか「非対称性」という言葉は使われませんでしたが、この考え方と同じことを、今日のテキストである『新版 生活の智慧365章』の中で述べられている。そのことも示して今日の講話をしめくくりたいと考えています。

前回までを振り返って

まず、復習から始めましょう。私が二〇一二年に出させていただいた本（図1）が、この『次世代への決断』であります。実はこの本の第四章には、過去の全国幹部研鑽会での私の講話の二年分が入っています。この章には「現代文明転換への視点」という題がついていますが、この章にある「〝自然を愛する〟ことの本当の意味」という文章は、二〇一〇年の講話の内容をまとめたもので、次に来る「〝めんどくさい〟が世界を救う」という文章は、その次の年（二〇一一年）の研鑽会、全国大会での講話をまとめたものであります。また、機関誌『生長の家』の二〇一二年九月号（**図2**）には、この年の同じ行事において私が話したものがまとめられています。題は「偏りのない文明の構築へ」という文章です。

これらの三つの文章に共通している一覧表（**図3、次頁**）があり、私の言いたいことを説明するのに便利なので、これを先ずご覧に入れましょう。

図1

図2

午前中からの話にたびたび出てきましたが、「自然」と「都会」とを対比して考えた場合、生長の家の国際本部は今年、都会から自然に移転いたします。

しかし、人間の社会は、このど

	自然	都会
脳の機能	ミラーニューロン 右脳	左脳
ものの見方	アナログ	デジタル
	包容的	排他的
注目点	対称性	非対称性
心の領域	潜在意識	現在意識
判断の傾向	体験優先	効率優先
環境との距離	環境密着	環境遊離
エネルギーの増減	減エネ	増エネ

図3

ちらにも存在しているのですから、私たちはそのどちらかを放棄して片方へ行ってしまう、と考えてはいけない。それでは宗教運動は成り立たないでしょう。

ですから、これからの私たちの運動も、どちらかを「選ぶ」のではなく、その双方がどのような性質であるかをはっきり認識しつつ、両者をバランスさせていく動きだと考えていただきたいのです。ちょうど人間の脳にも右脳と左脳があり、それぞれに重要な機能が分化しているので、どちらの脳も必要である。しかし、その一方に偏重した生き方をしていると問題が出てきます。それと同じように、「自然」的な傾向と「都会」的な傾向のいずれか一方に偏重した生き方は、人間本来のものとは言えないのです。

対称性と非対称性

今日皆さんに知っていただきたいのは、この一覧表の「注目点」という欄に書いてあることです。「対称性」と「非対称性」という言葉がありますが、どういう意味かというと、私たちがものを見るときの注目点は、自然界においては「対称性」の方向に向かうけれども、都会においては「非対称性」に向かうということです。これは大きな広がりをもった言い方でありまして、私たちが目覚めている時間帯のほとんどあらゆる出来事に適合するかもしれない。

また、私たちの心には潜在意識と現在意識があるという話は、もう皆さんはよくご

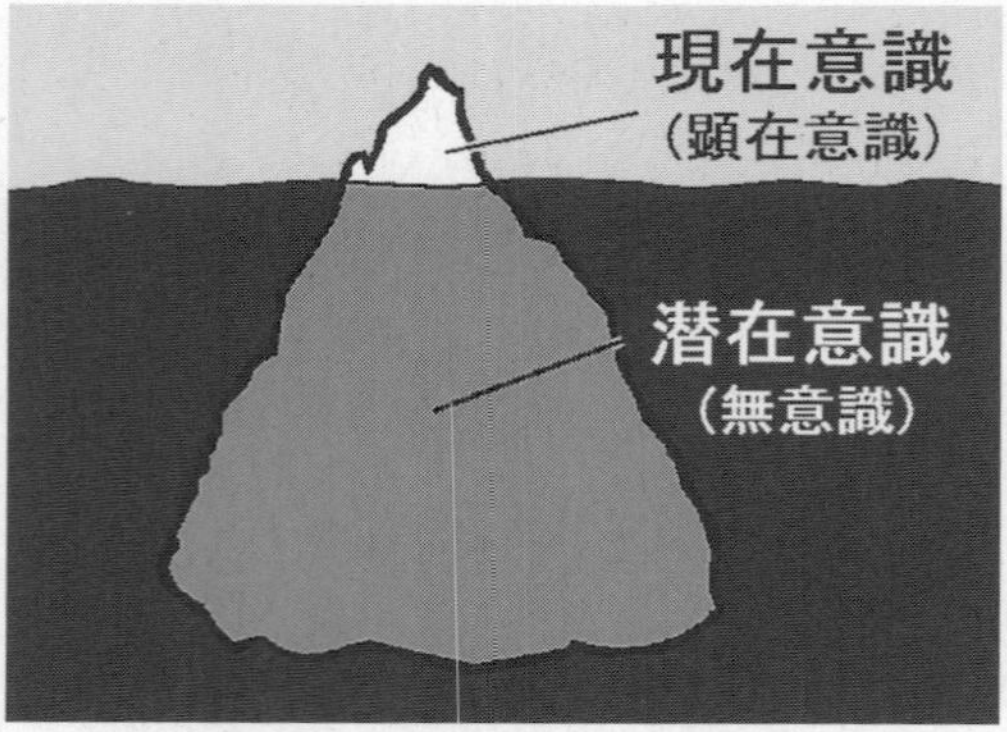

図４

存じです。私が講習会でよく使う〝心の断面図〟をここに掲げます。（図４）「氷山」に喩えて、海面より上に現れているのが現在意識であり、海面下に潜っているのが潜在意識です。つまり、自分の意識で自覚できる心の領域が現在意識。そして、自覚することが難しい領域が潜在意識です。

私たちの生活の場として「都会」と「自然」とを考えた場合、この二つの心の領域のどちらが「都会」に近く、どちらが「自然」に近いか……別の言い方をすれば、都会ではどちらの領域と多く関わり、田舎ではどちらと多く関わるかを問題にしています。そして言えることは、私たちは自然界では潜在意識と多く関わり、それを活性化させるような生き方ができるけれども、都会という場所では、現在意識で考え、行動することを要求される。つまり、頭で考えて、割り切ったものの考え方で生きることが多い。例えば仕事でも、マニュアルを見て、そこに記述されたことをやればいいが、記述されていないことはやらない。また、人が雑踏の中で困っていても、自分と関係がないと考えて無視する——そんな傾向があります。

太古からの人類の歴史を振り返ると、自然から生まれ、自然の中で生きていた私たちは、しだいにそこから離れて都市をつくり、それを都会へと発展させ、それにともなって自然を破壊してきました。そして、人類が全体として、この都市と自然のどちらに住むようになっているかを考えれば、自然界から離れて都市や都会に移り住む動きをずっと継続してきています。最近の国連の機関の統計によると、地球上の人類の半分以上がすでに都会生活をするようになっているそうです。これが「経済発展」と呼ばれているものの、ある角度から見た姿です。経済発展は人々を幸福にすると考える人が多いのですが、物事はそう単純にはできていないと私は思う。自然破壊と都市化が同時並行的に起こっている中で、家族の崩壊、貧困、犯罪、自殺やテロの増加が起こっています。この傾向が今後ずっと続いていくとしたら、私は人類全体にとって、

図5

この長期的な動向は〝危ない〟と思います。危険な傾向にあると思う。なぜならそれは、第一に「不自然」だからです。私たちには二つのものがある——左脳と右脳、都会と田舎、非対称性と対称性の論理にもとづく思考や思想……これらの二つが共に機能することが人間にとって〝自然〟であるが、一方だけに偏るということになると、必ずどこかにシワ寄せが出る。そのシワ寄せの一つが、地球環境問題となって今、私たちの目の前にあると言えるのであります。

そのような私たちの心の使い方の問題を理解するのに便利な考え方が、先ほど申し上げた「対称性」「非対称性」というものでありました（**図5**）。今日はこれを理解していただきたい。

このことについては、実は一度、私のブログに結構詳しく書いたことがあるのです。

『小閑雑感 Part 14』（図6）に収録されている文章に、「対称と非対称」というタイトルで六回連載して書いたものがあります。それから、その後に出た『小閑雑感 Part 18』（図7）では、十一回連続して「〝わかる〟ということ」という題で、これと関連した問題について補足しています。ですから、今日の話を聞いてもまだピンとこなかったという方は是非、こちらの方も読んでいただくといいでしょう。

図6

図7

「対称」という言葉は、日本語の辞書には「つり合うこと」とか「互いに対応してつり合う」などという意味が書いてあります。私たちはたぶん、主として数学や図形の分野でこの言葉を使ってきたと思います。例えば、「左右対称」とか「線対称」「面対称」というように……。が、これを精神分析学の分野で使うことを提唱したのが、イグナシオ・マテ

＝ブランコ（Ignacio Matte-Blanco）というチリ生まれの精神分析家でした。この人は、イギリスで精神分析と精神医学を学び、アメリカでそれを深め、祖国チリにもどって大学の医学部教授を務めながら精神分析協会をつくり、やがてローマに渡って精神分析家として臨床と研究を続けた人です。この人の考え方は非常に緻密で論理的なのですが、それをここで詳しく説明するのはあまりに煩雑なので、簡単な表現を使いましょう。

彼によると、人間は物事を見るときに、見る対象を大別して二つの〝固まり〟に分けたうえで、その二つの〝固まり〟の間の関係として捉えるというのです。この場合、二つの間の共通点を見るのが「対称性の論理」（symmetrical logic）であり、それに対して両者の相違点に注目するのを「非対称性の論理」（asymmetrical logic）と呼びました。例えば私たちが、ある人と対面して話をするときに、この人と自分はどこが違うのかと相違点に注目すると同時に、共通点についても把握しているということです。そして、この二つの一見、矛盾したものの見方を、人間は心の中の「意識」と「無意識」で分担して行っている――言い方を変えれば、矛盾した二つの論理が同時並行的に行われている、と彼は考えました。そして、このことを「二重論理」(bilogic)と表現しました。

意識(現在意識)と無意識(潜在意識)との関係は、すでにご存じだと思います。私たちの心は、意識と無意識によって構成されているということは、すでに常識になっているでしょう。このうち「意識」の部分は、非対称的関係に注目します。これを公式で表すと、Aは非Aでない(「A≠非A」と板書する)、となります。何を言っているのかわかりますか? 噛みくだいて言うと、「Aというものは、Aでないものではない」ということです。これは常識的な論理であって、一見、何も不思議なことはない。図で表しますと、こうなります(図8)。「A」というものがあれば、それは物理的にAの外側に存在する「Aでないもの」とは別物ですよ、ということですから、当たり前と言えば当たり前のことです。

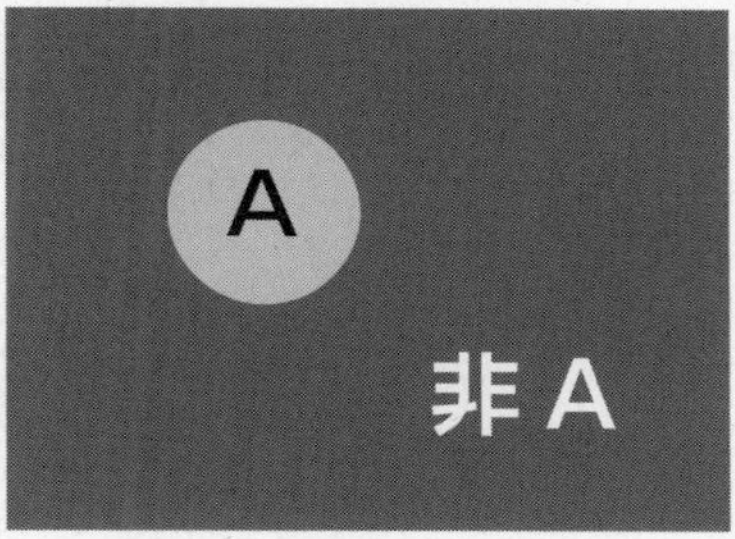

図8

ところが、このことを抽象的な論理としてではなく、具体的な事物に即してよく考えてみると、それほど当たり前なことではないことが分かります。例えば、人間とウシとを比べます。「ウシは人間ではない」という論理は、一般的には正しいですね。あるいは、「人間はウシではない」と言っても同様です。常識では皆、そう考えています。しかし、よくよく考えてみると、ウシと人間との間には共通点が多いし、心の交流がありますね。農業や牧畜をされている方はご存じと思います。ウシは哺乳動物としては人間と同じ生物学的構造をもっている。また心も知性もある。それだけでなく、私たちはほとんど毎日といっていいくらい、物質的にはウシからお乳をもらって飲んでいる。それによって拒絶反応も起こらない。昔の日本人の中には、一種の〝拒絶反応〟が起こる人もいたようですが……。

その理由は、永年牧畜を営んできた欧米系の人たちに比べて、東アジアの人間には、牛乳の成分である乳糖を分解するラクターゼという酵素の働きが低い人が多かった。それで、牛乳を飲むと下痢をする人も出た。しかし、その後、日本人が牛乳をよく飲むようになると、その消化酵素をつくる遺伝子が選択されたのか、多くの人が毎日牛乳を飲んでもなんともなくなったといいます。

そういう物質的な、生理学的なレベルで考えてみたならば、ウシの体を構成する物質と人間の体を構成する物質は、ほとんど同一である。ほかにも、共通点は数多くある。だから、「ウシは人間ではない」ということは、厳密な意味でいえば必ずしも真でないわけです。しかし、我々は物事を考えるとき、普通に考えて「ウシは人間でない」というのが正しいと思い、それで済んでしまっている。これが非対称性の論理です。これに対して、「ウシはもしかしたら人間の仲間かもしれない」と考えるのが、対称性の論理であります。わかりますか？

こういう考え方は、私たちの「無意識」（潜在意識）の中で起こることであります。人間の潜在意識の中にあるものは、芸術や夢の中に表現されることがあります。だから、マンガや物語、小説、映画、アニメなどに出て来るウシは、人間のように考え、人間のように行動するものがあるでしょう？　ところが現実の社会制度——例えば、法律とか政治とか経済は、だいたい非対称性の論理にもとづいていますから、ウシと人間とはまったく別物であると考えるのです。すると、例えばＢＳＥ（牛海綿状脳症）が起こったり、口蹄疫が発生したりすると、ウシに対して冷酷、無慈悲な対策が講じられることになる。つまり、人間社会の経済的損害を最小限にとどめようとして、何の罪もないのに、大量のウシを殺処分する。そしてそれが〝人間的〟な政策だと考えるのです。

私は、これはとんでもない間違いだと思う。もってのほかの用語の混乱です。人間には右脳も左脳もあり、対称性の論理も非対称性論理も人間のものです。この両者がそろって初めて「人間的」だと言える。にもかかわらず、一方の考え方を全面的に採用して、他方をまったく無視する政策が「人間的」であるはずがないのです。潜在意識から起こってくる人間の感情を否定して、論理一辺倒の生き方を強制するのは「非人間的」です。そういう意味で、政治の分野においても、私たちが対称性論理を重視するのか、それとも非対称性論理を採用するかによって、国家の政策とその運用が全く変わってくるし、社会の動きも全く変わってくることになります。

さて、私はここまで難しい言葉を使って抽象的な話をしてきたので、わかりにくいと感じておられる方がいると思うので、もっと具体的な例を示しましょう。人間と他の動物を〝別物〟として扱う「非対称性の論理」については、もう理解されたと思いますが、それでは、両者を一体のものと見る「対称性の論理」とは、具体的にどんなものを指すのでしょうか。それを実例によって確認してみたいのであります。「対称性の論理」などという言葉を使わずに、サンプルを写真や絵で示せば、私がそんなに難しいことを言っているのではないと分かるでしょう。私たちが日常的に、当たり前に見ているものの中に、対称性の論理を示す例はいっぱいあります。

例えば、これは何でしょう。皆さん、分かりますか？　そうです、ドラえもんです（図９）。ドラえもんのマンガ本です。ドラえもんはネコ型ロボットですが、そんなものは実際には存在しない。しかし、マンガの世界では、実に生き生きとして、まるで人間のように生きています。形こそ「ネコ型」ですが、マンガの中では人間と同等のものです。また「ロボット」であっても、喜怒哀楽を自然に表現して、まるで人間です。つまり、「ネコ」「人間」「ロボット」の境界線がぼやけてしまっている。三者の相

図９

違点ではなく、共通性が前面に出ているのです。非対称性を打ち破ったキャラクターです。そういうものが人気を博しているとしたら、人間はそういうものに魅力を感じているということです。先ほどの図（図9）を注目してみると、これは英語で書いたドラえもんのマンガだと分かります。ということは、日本人だけではなく、英語を使う人たちの間にもこういうマンガが売れる。つまり、「ネコ」「人間」「ロボット」の境界線をあやふやにした対称性の論理が、世界中の人に楽しまれているということです。

次に出てくるもの……これは何ですか。そうです、トトロです（図10）。トトロって、いったい何ですか？　聞くところによると、トトロの中には「中トロ」とか「大トロ」とかあるそうですね？（笑い）。私は知らなかったです。いや正確には「小トトロ」「中トトロ」「大トトロ」の三つがあって、これ（図10）はまあ中トトロぐらいにあたるようです。で、このトトロは、子どもにしか見えない一種の妖怪です、もの

図10

のけです、お化けです。彼らは、植物の種を育てるのが大好きな妖怪だといいます。

では、「妖怪」とは何でしょうか？　先ほど私は、対称性の論理は潜在意識（無意識）の中で起こると言いました。そして、妖怪は潜在意識の産物です。別の言い方をすれば、妖怪やお化けが出てくるのは、非対称性論理や現在意識が支配的な昼間ではなく、感情を発散させたり、夢を見たりすることが多い夜間です。つまり、トトロという〝生き物〟は、対称性論理が働いて動物（獣）と人間（子供）と植物（種）とが融合したところに生まれたもの、と言えます。

さっきご覧に入れたドラえもんもそうでしたが、マンガやアニメの世界では、このように、私たちの現実社会を支配している非対称性の論理を打ち破るものを登場させ、人気を博しているのです。ということは、人間は心の中で対称性の論理を求めていることが分かります。

もう一つ、日本のアニメで世界的な人気を博しているものの中に、「ハローキティ」というのがありますね（**図11、次頁**）。この写真の右側にいるのはキティではなく、左側がキティです（笑い）。このキャラクターはサンリオの登録商標ですが、そういう

図 11

側面から離れ、対称性の論理の表現として見ると、興味あることが分かります。このキャラクターは、一応動物の「ネコ」だということになっていますが、よく見るとネコではないですね。ネコの形をしているけれども、服を着て、立って歩いている（笑い）。そんなネコは地上に存在しません。このキャラクターは、ネコにはない人間的要素を加味することで、「人間と動物は違う」という私たちの現在意識の非対称性の論理を打ち破っている。そして、このキティには、「キティ」という名前だけでなくて、どうも姓があるようなのです。ご存じでしたか？彼女のフルネームは「キティ・ホワイト」というそうです（笑い）。しかも、このキティ・ホワイトさんは、ネコとハムスターを飼っているそうです（笑い）。いや、私もびっくりしたのですが、ネット情報によると、どうもそういうことらしい。しかし、ネコがネコを飼ったりしますか？　決してありません。

だから、これは本当の意味――つまり、生物学や動物学的な意味での「ネコ」ではないのです。これは、私たちがわざわざ非対称性の論理を突き破って、人間と動物の境界を取っ払って作り上げたもの、潜在意識の対称性論理の産物だと言えるわけです。そういうものが世界的に大ヒットするということは、人間の潜在意識の要求の強さを表しています。

このようにして、私たちの日常に対称性の論理を見つける〝目〟を養うと、そういう例は周囲に数多く存在することに気がつきます。

これはアンパンマン（図12）――やなせたかしさんのマンガの主人公です。このキャラクターは、動物でさえない、物質の固まりである「食品」を人間に仕立て上げている（笑い）。これは、そのキャラクターを石像にしたものです。私が生長の家講習会で行った先で、石屋さんの店の前に飾ってあったのを写真に撮りました。それから、この間、谷口輝子聖師二十五年祭のために長崎に

図 12

図13

行った時、長崎空港でこんなものを見ました（図13）。これも食品と言いますか、植物のビワの実を擬人化したものです。このように岩石などの物質を含めたすべてのものを、生き物として扱うことを「アニミズム」と呼んで、日本人特有の感性だという人が時々いるようですが、私は決してそうではなく、万国共通というか、人類共通のものだと思います。その証拠をご覧に入れます。こういうことは、日本だけじゃなくて、世界中で行われているのです。

これは、フランス製のチョコレートです。絵を印刷した銀紙に包んであります。絵柄はテントウムシとミツバチですが、そういう虫をとても擬人化した形で描いています。人間と虫とが、対称性の論理によって結びつけられているお菓子です（図14）。それから、私が二年前（二〇一一年）、ドイツに行った時、こんなものを見つけました（図15）。観光地の土産物店に売られていました。人間なのかウシなのか、一見しただけではどちらか分かりません。「雄」と呼ぶべきか「男性」と呼ぶべきか、困ってしまいます。これは〝男性〟のバージョンですが、〝女性〟のバージョンもちゃんと売っていました（図16、笑い）。この〝ウシ女〟は、コンピューターを操作しています。

それから、「環境都市」と言われるドイツのフライブルクという町の豊かな自然の中――公園の中ですが、こんな彫刻を見つけました（図17、次頁）。これは「木の精」なのでしょうか。太い立木そのものに人間の顔を彫刻して、「人と木」あるいは「人

図14

図15

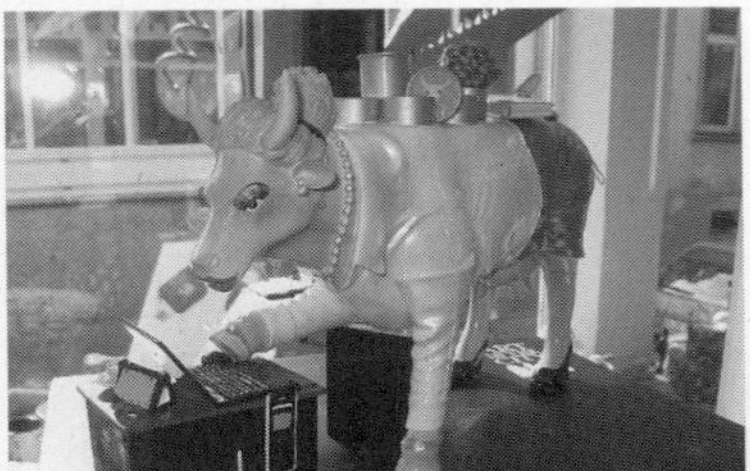

図16

図 17

図 18

間と森林」を同一化している。明らかに対称性の論理が表現されています。それが、公園のモニュメントになっていました。

次に、これはロンドンの街角で見つけたものをスナップしました（図18）。人形のようなものが三体並んでいますが、真ん中にいるのは確かに「人形」ですが、両側にいるのは何ですか？　これを「人形」と呼ぶのは厳密には間違いでしょう。「人の形」ではないからです。左側は、どうもライオンのようであるし、右側はオオカミか何かでしょう。ライオンもオオカミも、普通はこんな格好で人間の隣には座らないですよ（笑い）。でも、わざとそうさせることによって、この店の人は満足しているし、恐らくこれを見る人も「かわいらしい」などと魅力を感じ、満足する。一体何が満足なのでしょうか？　それはきっと潜在意識の中にある対称性の論理が満足するのです。

それから、これはロンドンの郊外で見た立て札です（図19）。ロンドン郊外には「Hampstead Heath」という名の、ヒースが生い繁った広大な自然公園があります。その近くにある住宅地に、こんな標識が立っていました。動物の絵がありますが、これが何だか皆さんはご存じですか？　この動物は「ミーアキャット」と呼ばれる、ネコ目マングース科の哺乳動物です。正式名は「スリカータ」というそうで、動物園以外では、アフリカ南部にしか棲んでいないのです。それがどうして、ロンドン郊外の住宅地の立て札に使われているのでしょう？

図 19

この動物の特徴は、二本足で立ち上がって周りをキョロキョロと見回す仕草です。それがかわいらしいというので、ロンドンの人たちが愛しているのだと思います。絵の下の方に「NEIGHBORHOOD WATCH」と書いてありますが、直訳すると「近隣監視」です。「近所同士で、怪しい者がいないかどうか監視し合いましょう」という意味です。「Look out」とは「外を見ろ」というわけですから、家の中から外をよく見ましょうという意味です。動物の絵の代わりに警察官を描いてもいいでしょう（笑い）。あるいは、宅配便の配達人でもいいかもしれない（笑い）。でも、そういう人間を描かないで、なぜ動物をもってきているかといえば、人間を描けば現実的すぎて、角が立つ。訪問者が悪い気分になる。それを和らげるために、動物で代用しているのでしょう。が、この考えの背後には「動物も人間も変わらない」という潜在意識がある。こういう点は、日本人もイギリス人もそんなに違わないと私は思います。

図 20

さて最後に、この自然公園に立っていたもう一つの看板をお見せしましょう。画面の下側に「CORPORATION OF LONDON」と書いてある（図20）。どういう意味かというと、ロンドンは「市」という自治体であるということです。この国では、自治体がそれぞれ「盾」をもっている。イギリスは昔、都市が王様をいただき騎士を抱えていた時代がありましたでしょう？　日本にも武家社会がありましたが、イギリスには騎士の社会があって、騎士たちは戦闘をする際、盾――シールド（shield）――を使って相手の攻撃を防ぎました。この盾に付ける紋章が、代々変わらぬものが伝わっていた。日本では「家紋」が伝わっているのと似ています。それで、これはロンドンという町（市、自治体）がもっている紋章です。

何が描いてあるかと言えば、ドラゴン（竜）が描いてある。左脳的な考え方からすれば、ドラゴンは想像上の動物であり、もちろん人間ではないから、人間の自治体である市の紋章に使うのはオカシイ。そういう論争が起こってもいいはずです。が、そんな論争は全然起こらない。その理由は、ロンドンっ子はこの紋章に満足しているということだと思います。つまり、想像上の動物によって人間の集団が代表されているのに、何も問題を感じないのです。理由は、彼らの心にも対称性の論理が働いているからです。

このように見てくると、私たちの心の中の深いところには、日本人だろうとドイツ人だろうと、フランス人やイギリス人でも、動物や植物と人間とを〝一体のもの〟として見る働きがあることが分かります。恐らくそれは、世界中の人々に共通する普遍的な性向です。

鯉のぼりに見る〝伝統〟の変化

先ほどは、イギリスの中世の騎士の紋章を取り上げましたが、その時、日本の「家紋」のことにも触れました。家紋は、人間の〝家系〟に代々伝わっていきます。日本ではその家紋の図柄に、「桐」とか「藤」とか「菱」など植物のデザインが多く使われていることを思い出してください。ここでも、人間の「家系」と「植物」という、本来は関係がないと思われるものが結びつけられています。その背後には、対称性の論理が働いていると考えねばなりません。

そして、その結びつけられ方が、時代とともに変わることもある。もう一つ、日本の伝統と関係した対称性の論理の、わかりやすいサンプルをご覧にいれましょう。

これは、昔の人がつくった版画であります（図21）。歌川広重という有名な浮世絵師が制作した「江戸名所百景」というシリーズ物の中の一枚です。彼は安政の初期に江戸の各地をスケッチして歩き、そこから見事な版画を何枚も制作した。この絵は、安政四年に広重が作った「水道橋駿河台」という作品です。ここに描かれているのは、何だかわかりますね。ちょうど今ごろの季節になると、私たちもこういう「鯉のぼり」を立てます。

提供：（財）アダチ伝統木版画財団

図21

安政四年は一八五七年ですから、今から一五六年前です。その頃、水道橋あたりを歩くと、こういう風景が見えたわけで、その当時の風俗を表しています。現代の私たちの目からすると、何かおかしい点はないですか？　皆さんの目で〝間違い探し〟をやってみてください。今の東京で鯉のぼりを見たとしたら、これとは少し違うのではないでしょうか？　何か足りなくありませんか？　そうです、マゴイしかいないのです。大きなマゴイが一尾だけ描かれています。今の日本で鯉のぼりを立てるときにマゴイだけ付けたとしたら、奥さんに怒られるかもしれない。「あなたはなぜ、私のヒゴイを付けないの？」と訊《き》かれるでしょう。

今から一五六年前の風習では、しかし鯉のぼりにはマゴイしかなかったのです。それが、当たり前だった。なぜなら、鯉のぼりの目的は、男の子の健康な成長や出世を願うためだったし、また「男女平等」という考えは存在しなかったからです。鯉のぼりにヒゴイが登場するのは、どうも明治以降らしい。それによく考えてみれば、魚類の中の「コイ」という特定の種をなぜ、端午の節句のときに飾るのでしょう？　人間とコイは本来無関係ではないのでしょうか？　それは、コイという魚は、魚類の中でも勢いが良くて、滝登りをすると言われている。また、一説によると、これは中国の伝説でありますけれども、滝登りをしていった先は、竜になって天に昇っていくというのです。

これ（図22）は、私が講習会で青森県に行ったときに、土産物屋の壁に掲げられていた凧を、写真に撮ったものです。この若武者には名前がついていて、「鬼若丸」と書いてあります。この「鬼若丸」の伝説が、鯉のぼりを立てる習慣の元になったと言われています。鬼若丸とは、武蔵坊弁慶の幼少の頃の名前です。その当時――これは伝説ですから事実かどうかわかりませんが――この鬼若丸は、大変な勇気と力をもっていたそうです。

その頃、近くの川には体長が八尺――つまり二・五メートルもある巨大なコイがいて、大暴れして人々を困らせていた。そこで、この鬼若丸は、小刀を持って川に飛び込み、この暴れゴイをやっつけたというわけです。そういう伝説にちなんで、コイというものは大変勇ましく勢いのある魚だから、それを端午の節句に掲げて、自分たちの家の男児を、勇ましい立派な武士にしたい――そういう願いが込められたわけです。

図 22

でもこの考え方、少しおかしくないですか？　だって、コイは鬼若丸ではないのですよ。鬼若丸が退治した相手の怪物です。鬼若丸の方を掲げるのならわかる（笑い）けれども、なぜ怪物の方を掲げるのですか？　ここでは、論理の飛躍というか、入れ替わりが起こっているのです。私たちの潜在意識では、よくこういうことが起こります。

私たちの文化は、潜在意識を表現しているという側面があります。だから、こういうように、英雄と怪物の立場がコッソリと入れ替わってしまう。怪物だったものが英雄になり、英雄だったものが怪物になったりする。理性的に考えれば、本当は〝暴れゴイ〟ではなくて、こちらの鬼若丸にあやかって、私たちは自分の息子たちに勇気と力のある青年に成長してほしいと思っているはずです。けれども、文化や習慣としては、〝暴れゴイ〟と鬼若丸を同等のものとして扱っている。つまり、対称性の論理によって同一化しているのです。

「人間はコイではない」と考えるのが、非対称性の論理です。これに対して、対称性の論理が働くと、「人間がコイと同じでもいいじゃないか」ということになる。「勢いがある」とか「勇気がある」という共通点があれば、人間はコイと同じでもいいと、私たちの潜在意識が容認するのです。それが対称性の論理です。

こうして、日本の文化では、人間をコイに見立てて、あるいはコイを人間に見立てて、自分たちの夢や希望を表現するようになりました。そして、人間の夢や希望の方が変わってくると、飾られるコイの扱われ方も変化してきたのです。

先ほど、江戸時代には一家の〝奥さん〟のコイがいなかったと言いました。それがでてきたのは明治以降だとも言いました。つまり、女性の社会的地位の向上にともなって、鯉のぼりの飾り方も変わってきた。そして、現代の飾り方はどうなっていますか？ 子供のコイも泳いでいますね。少なくとも、私の小さい頃はそうでした。私は、自分のコイが鯉のぼりの支柱の下から何番目であるかを知っていて、「あれがボクのコイだ」と思って楽しんで眺めていました。

一説によると、これは戦後の〝マイホーム主義〟の表れだといいます。だから、元来は滝登りして竜になるような「勇敢さ」や「出世」を表現していた鯉のぼりが、現代では「家族むつまじく」とか「平和な家族」を象徴するように変化してきているのです。

この写真（図23）は、東京の青山通りに面している「こどもの城」の前に今、掲げられているものです。数日前に撮ってきたばかりです。今は核家族化が進んで、子供たちも成長するとバラバラになる傾向があります。すると、昔から家庭にあった鯉のぼりが言わば〝余分〟として出てくる。それを眠らせておくのはもったいないというので、それらを集めて、ビルの間に渡して端午の節句を家族とではなく、町全体で祝う

図 23

——これは、もしかしたら、アパートやマンション住まいの人には飾る場所がないという事情も絡んでいるのかもしれません（笑い）。田舎なんかでは、谷間にたくさんの鯉のぼりを吊している風景も見られます。これは、過疎化の問題とも関係がありそうです。

とにかく、鯉のぼりの数と人間の数とは関係が深いのです。そういうふうにして私

たちは、人間でないのに、コイを人間に見立てて飾っている。これは、私たちの潜在意識が本来、非対称のものを対称のものとして扱う傾向があるという証拠です。そして、私たちの心は全体として、いいじゃないか、おめでたいじゃないか、なかなか勇ましいじゃないか、と満足に思うのです。だから、個人に限らず、私たちの社会全体にも、対称性と非対称性の両面の論理が働いていることが分かります。

二つの矛盾した心

さて、対称性と非対称性の論理がどんなものであるかは、もう理解していただいたのではないでしょうか。では、これらの一見矛盾したものの見方が、私たちの心で同時に起こっているというのは、どんな状態を指すのでしょうか。

マテ＝ブランコは、非対称性の論理を扱うのが私たちの現在意識であって、対称性の論理に基づいて動いているのが潜在意識であると考え、これらのロジック（logic 論理）が心の中で同時に並行して起こっている状態を「バイロジック」（bilogic 二重論理）と呼びました。それがどんなものであるかを、私たちの日常生活に引きもどして説明しましょう。

まず、この図形を見てください（**図24上**）。講話の最初でご覧に入れた現在意識と潜在意識の図を、立体的にしました。

図24

〝氷山の断面〟だったものが、円錐形になっています。今日はここに、その立体模型も持ってきました（**図24下**）。色のつけ方は図とは少し違いますが、説明に便利なのでこの立体模型を使います。

私たちは何かと出会ったときに、現在意識——つまり「覚めた意識」で考えていることがある一方で、そういう意識的な思考のバックグラウンド（背後）で、ボーっと想い浮かべていることもあるのです。先ほどの鯉のぼりの例でいえば、私が子供のころ、竿の下から何番目かのコイを見て、意識の表面では「なかなか元気に泳いでいるなぁ」と考えていたとします。しかし、その自覚的な考えの背後では――つまり潜在意識では、そのコイを人間とは関係のない魚類のコイだとは思わず、何かボーっと「自分」のことを思っている。なぜなら、鯉のぼり上の何尾かのコイは、それぞれ家族の構成員に振り当てられていて、「自分のコイ」がどれであるかを私はよく知っているからです。意識しなくても、「自分のコイ」に注目しているのです。下から何番目かのコイに自己同一化し、感情移入しているのです。「元気なコイ」を見ながら、自分も元気だと感じている。そういう〝二重の感覚〟が、心の中で起こっている。覚めた意識では「元気なコイ」を感じながら、潜在意識では「元気な自分」を感じているのです。これがバイロジック（二重論理）です。

別の例で考えてみましょう。

皆さんには小さいお子さんがいて、そのお子さんの通っている小学校に行ったとします。幼稚園でもいいです。そうすると、子供のお母さんたちがたくさんいて、その中に自分がよく知っている「A君のお母さん」がいたので、そばへ行って立ち話を始めたとしましょう（図25）。そんなときに、自分の心はどんな状態にあるかを想像してみてください。

「A君のお母さん」は、言い直すと「自分の子供の友達の母親」です。そういう分類に属する人は、A君の母親以外にもいるのですが、そういう他の母親はさておいて、A君の母親と話を始めたのは、きっと親しい間柄だったからでしょう。そんな時、自分の意識（現在意識）にあるのは「A君の母親」であっても、その背後の潜在意識では、「自分の子供の友達の母親」全員のことをボーっと想っているはずです。つまり、「Bちゃんのママ」「D助の母親」……などが潜在意識にはある。A君の母親は、そういう人々の言わば〝代表者〟として心の中では捉えられているのです。

それだけではありません。「A君の母親」は「母親」なのですから、「A君の母親」という個人を意識させるだけでなく、潜在意識には「すべての人の母」という概念、

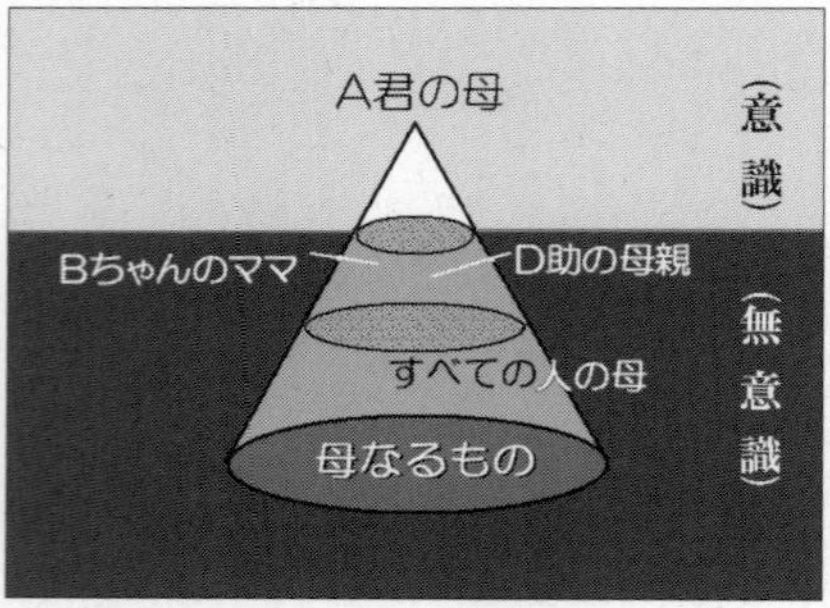

図25

さらには「人」だけでなく「すべての動物の母」、そして「母なるもの」という、より大きな概念を呼び起こしていると考えられます。なぜなら、A君の母親との会話の中で、相手が普通の母親にあるまじきことを言った場合……例えば、子供がきらいだとか、家事はしたくないとか、夫以外の愛人がいるなどと言った場合、「アレッ」とか「まさか！」という驚きや反発の感情が出てくるだろうからです。

もちろん、これと反対のケースもあります。例えば、子供が寝るときに本を読み聞かせているとか、栄養をよく考えて料理を工夫しているとか、時々子供にケーキを作ってあげるとか、英語を習わせているなどとA君のお母さんが言った場合、「すごい」とか「感心だわ」などという称賛の感情が出てくるかもしれない。こういう場合、私たちは純粋に個人として「A君の母親」と接しているのではなく、「子育て中の母」「人の母」「母なるもの」などという、より大きな概念や基準、あるいは〝理想像〟を潜在意識に置きながら、相手の発言内容を、無意識のうちに、それらの概念や基準に照らし合わせていると考えられるのです。

こういう複雑な心の構造を表すのが、この円錐の立体模型です。この模型に対応す

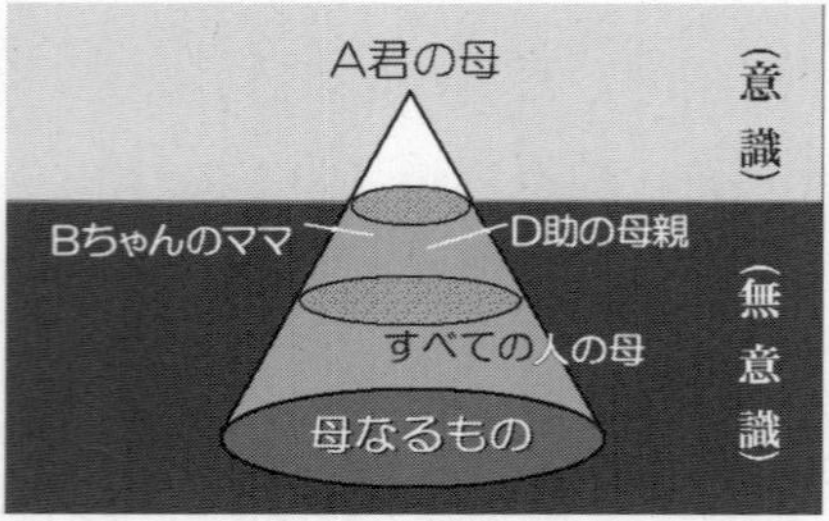

図 25

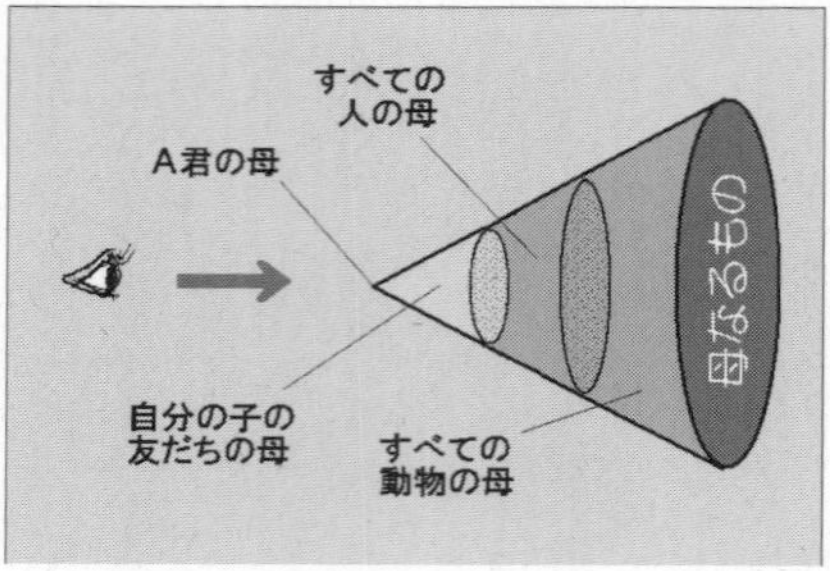

図 26

る平面的な図は、これです（図25）。さらにこれを左側に横倒しにしたものも出しましょう（図26）。これを見ると、円錐の左側には「目」が描いてあります。この目は、私たちが「A君の母親」を目の前にしているときの〝心の目〟だと思ってください。

「A君の母親」を前にしたとき、私たちの〝心の目〟は、図の矢印の方向に働きます。すると、いちばん手前に——つまり、いちばん強く——「A君の母」が意識される。そして、その背後には「自分の子の友だちの母」が意識されている。そこからさらに〝奥〟は潜在意識の領域に入り、意識によっては簡単には捉えられない。しかしそこには、「すべての人の母」や「すべての動物の母」「母なるもの」というような広い概念、あるいはイメージが存在していると考えられます。

このようにして、私たちはある特定の人物とつき合う場合に、その人だけを心に想い浮かべているのではなく、もっと大きな、より広い範囲の同種のものもイメージしており、さらに無意識の世界では、その背後に「社会」や「人類」や「生類」、さらには「存在全体」というような広大なものを据えていると考えられるのであります。

これは精神分析学が見つけたことであります。しかし、この「生類」や「存在全体」というような広大なイメージは、普通は無意識の世界に埋没している。対称性の論理というものは、存在全体を含むこの円錐の、より深い所へ――円錐の底辺の方向に進行するものの考え方です。普通の人は普段、そんなことまで意識して物事は考えません。それよりも「個」としての自分を強く意識するため、非対称性の論理を重要視することになる。非対称性の論理は、対称性の論理とは反対方向に、つまり円錐の頂点の方向に進行するものの考え方だと言えます。

これを別の角度から説明するために、円錐を頂点の方向から見下ろした図を描きました。（図27）すると、「A君の母親」が円の中心に来て、それより広い概念は、同心円状に外側に拡がって見えます。円の中心から同心円状にいくつもの円が描け、広いものの見方としては、「すべての人の母」「すべての動物の母」、そして「母なるもの」へと、私たちの潜在意識は拡がっていると思われます。この図では、同心円の広がりが「母なるもの」のところで終わっていますが、理論的には、この同心円をどんどん拡大していって、「すべての存在」まで含む大きさにすることができます。これが「すべては一体」という考え方に至る方向です。そこには、万物大調和の世界があるわけです。宗教的な〝悟り〟の世界は、だからこのような対称性の論理を深める方向にある。その過程においては、「自分」と「他人」を分け、さらには「人間」と「他の生物」とを対立関係に置いて分離する考え方——すなわち非対称性の論理は超克されなければならないのです。

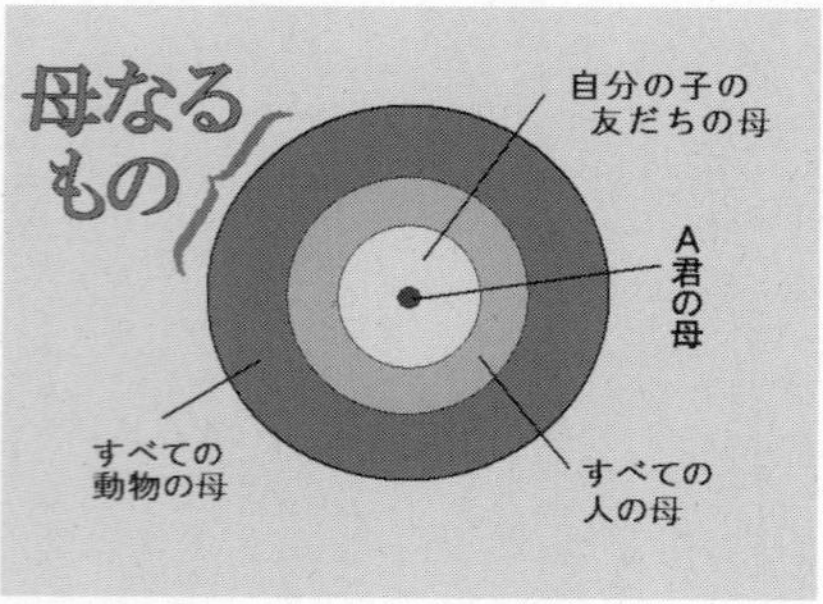

図 27

〝テロとの戦い〟は非対称性の極致

さて、私たちの心の現在意識と潜在意識の使われ方の違いについて、理解が進んだのではないでしょうか。私たちが健全に生きるためには、この双方が必要です。だから、どちらか一方に偏っていくのは危険である。このことを有力に示す事例として、「テロリズム」のことをお話ししたい。平和の社会の「A君のお母さん」の話から、いきなりテロリズムです。この二つにはどんな関係があるでしょうか？　その答えは、テロリズムというものが対称性の論理と非対称性の論理のどちらによって起こるのか、と考えてみると分かります。これはもう簡単ですね。牛でないものが人間であり、牛は人間ではない――これが非対称性の論理です。それと同じように、「テロリストは人ではない」と考えて、人権を認めず、裁判にもかけずに、残虐な仕方で闇から闇へと葬られる。そのことを正当化する論理が、アメリカを中心に起こっています。これはもちろん、「9・11」という逆方向のテロリズムが行われたからです。つまり、イスラーム過激派が「アメリカ社会は悪である」とか「アメリカ人は人ではない」などと考えて、罪のない人々を大量に死に至らしめたことへの反動です。

しかし、テロリストであっても、よく考えればやはり人間なのであります。たとえテロリストであっても、人間として扱うべきである。普通だったら、犯罪者であっても捕らえてきて裁判にかける。裁判で有罪になったときに、処罰が決まることになる。しかし、テロリストに関しては、今そういうことが行われなくなってきています。いきなり、彼らの住居や潜伏地へ行って、ヘリコプターや無人攻撃機で攻撃し、殺害するということが起こっている。これは、極端な非対称性の論理の発動です。「テロリストは早くいなくなってほしい」と考える立場からは、こんな方法を容認する人がいるかもしれません。しかし、国家でも間違いは起こすのです。無実の人を一方的に殺すかもしれない。また、攻撃によって殺傷されるのはテロリストだけでなく、周辺にいる大勢の無実の人々――女性や子どもを含めた大勢の市民も巻き添えになります。そのことがかえって、アメリカ人やアメリカ社会への憎しみを育てていることを忘れてはなりません。

最近、起こったテロがありましたね。皆さんも記憶に新しいと思います。ここに四月十六日付の『朝日新聞』夕刊を持ってきました（図28）。アメリカで行われる有名なボストン・マラソンのゴール近くで、二個の大きな爆弾が破裂して、三人が死亡、一四〇人を超えるケガ人が出ました。そのテロの二人の容疑者のうち一人は銃撃戦で死んでしまって、一人だけ生き残り、今、その動機の解明に、CIA、アメリカ政府が全力を挙げています。これはその翌日の『インターナショナル・ヘラルド・トリビューン』の紙面であります（図29）。

それで、まだ原因ははっきりしないのですが、どうもロシア傘下のチェチェン共和国あたりの過激派の人々と関係があるらしい。そ

『朝日新聞』：2013 年 4 月 16 日夕刊

図 28

『インターナショナル・ヘラルド・トリビューン』：2013 年 4 月 17 日紙面

図 29

れで、二人の兄弟が捕まって、お兄さんの方が撃ち殺されたけれども、弟の方はアメリカ国民です。アメリカの市民権をとっている。ですから、今回の事件は、これまでの外国の一部テロリストの攻撃ではなく、アメリカ人がアメリカ国内でアメリカ人を無差別にねらったテロ攻撃だということです。アメリカ社会内部から起こったテロリズムです。それが悪い方向に拡大していけば、アメリカ社会が内部から壊れる可能性もある。

だから、どうやってこの種のテロを防ぐか。防ぐためには原因を解明して、それを排除していかなければならないのです。もちろん、このテロリストは悪いですよ。だから処罰されなければならない。けれども、人間は全く理由がないのに、これほどの行動を起こすことはない。私はその原因の一端は、やはりこれまでのアメリカ政府の政策——とりわけ、〝テロとの戦い〟の方法にあると思います。

これは二〇一三年の二月十五日付の『日本経済新聞』夕刊の記事です（図30）。最近公開された映画に、『ゼロ・ダーク・サーティ』というのがありました。この映画、どのくらいの方がご覧になりましたか？　観ていらっしゃらないですか？　これは有名なオサマ・ビンラディンを、アメリカ軍とＣＩＡの特殊部隊が、パキスタン国内で殺害したという実話をテーマにした映画であります。

この記事の写真に映っているのは主人公で、高校卒業までの学歴しかないＣＩＡの女性心理分析官です。この女性を主人公にして、どのような考えと方法によってオサマ・ビンラディンが攻撃されるに至ったか、が描かれています。もしお暇があったらご覧になったらいいです。平和な日本の外の世界で今、どんなことが起こっているかが分かります。

シネマ万華鏡

ゼロ・ダーク・サーティ

『日本経済新聞』：2013年2月15日夕刊

図30

私がこれを見て驚いたのは、国際法の徹底的な無視が行われたことです。オサマ・ビンラディンはパキスタンで身を隠していたわけです。しかも、パキスタンの軍の施設の近くにいた。パキスタンとアメリカというのは同盟国なのです。同盟国であるけれども、パキスタン国内には反米の人々がたくさんいる。それは、今までのアメリカの中東における、い

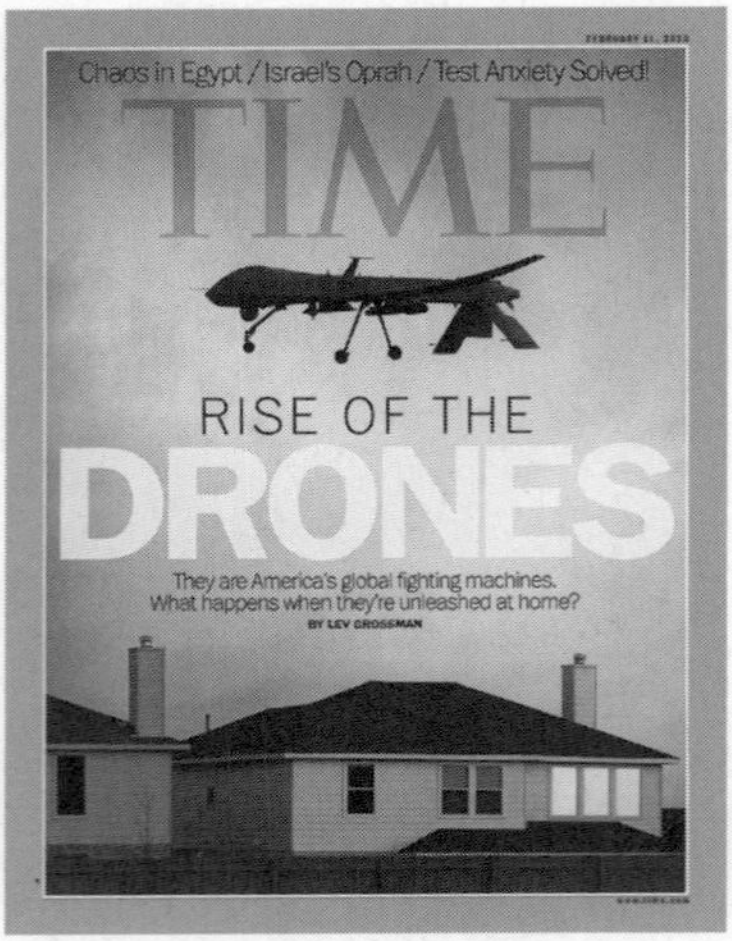

© 2013 Time Inc.

図31

ろんな政策の失敗があったからです。だから反感がある。そういう危険な同盟国の領内に、その国の政府の許可もなく、いきなり軍隊を航空機で送り込み、そこに住んでいたオサマ・ビンラディンを含む一家を、バババッ……と機関銃で殺してしまうんです。それもほとんど無差別に、施設にいる人なら女性も子供も皆殺しにする場面が出てきます。まるで、質の悪い西部劇を見ているようでした。

自軍以外のすべての人々を即座に殺害し、帰還する——非対称性の論理が働く極致の映像でした。この映画で敵を追うのに一役買うのが、無人攻撃機です。これは、『TIME』誌の二〇一三年二月十一日号の表紙です（図31）。無人攻撃機の特集記事を載せました。攻撃のためだけでなく、偵察などにも使える無人航空機は今、アメリカで大きな問題になっています。これを使って、オバマ政権は〝テロリスト〟と疑われるたくさんの人を攻撃し、殺害してきました。

なぜ無人航空機なのでしょう？　それは、〝反テロ戦争〟の手段としては大変効果があるからです。それによって自国の被害やコストは最小限に止め、敵を確実に殺すことができるからです。映画にあるパキスタン侵入の時がそうであったように、この無人攻撃機を飛ばすのには、攻撃対象の上空の主権をもっている国の了解なんか得ないのです。アメリカが自分の都合で、自分の決めた時間と場所に勝手に飛ばす。しかも、それを操縦する兵士はどこにいるかといえば、例えば、アメリカ本土のテキサス州の洞窟の中にいる。敵からの報復攻撃などない、まったく安全な地です。機体は無人ですから、撃墜されても人的被害はない。機体にはコンピューターとビデオカメラを備え、そしてGPS装置（衛星から信号を受信して現在位置を知るシステム）を搭載していますから、飛行途中の映像を映しながら、遠隔操作で正確に標的に向かって飛んでいきます。それを、まるでテレビゲームを見るがごとく、何千キロも離れたところから兵士が行うのです。

これはアメリカ軍にとっては大変効果的である。なぜなら、絶対に自軍の兵士を死なせることはなく、相手だけを殺すことができる。しかもコストが安い。補給なんかしなくていい。陸軍の兵士を現地に派遣するよりずっと安いし、安全である。戦場のトラウマなどなく、心理的にも抵抗なく、相手を楽に殺せる。効率やコストを優先して考えるのは「左脳」の働きだと以前、申し上げましたが、これほど〝左脳的な兵器〟はこれまで登場したことがないでしょう。しかし、反面、こんな兵器は、本当に相手が〝悪の塊〟だと思わなかったならば使えないと私は思うのです。つまり、〝テロとの戦い〟という非対称性の論理の権化のような兵器です。そういう無人機を使う動きが、今のアメリカ軍の全体の作戦を変えようとしているのです。

これまでどんな無人機が作られ、使われてきたかということを、私は一部しか知らなかったのですが、先ほど紹介した『TIME』誌には、イラスト入りで詳しく書いてあったので、紹介しましょう（図32）。いろいろな種類がすでにアフガニスタン、パキスタンで使われていて、大きなもの（図32左下）は、飛行船みたいな形状と大きさだといいます。この中にはヘリウムガスを入れて、ビデオ装置も設置して、一度飛

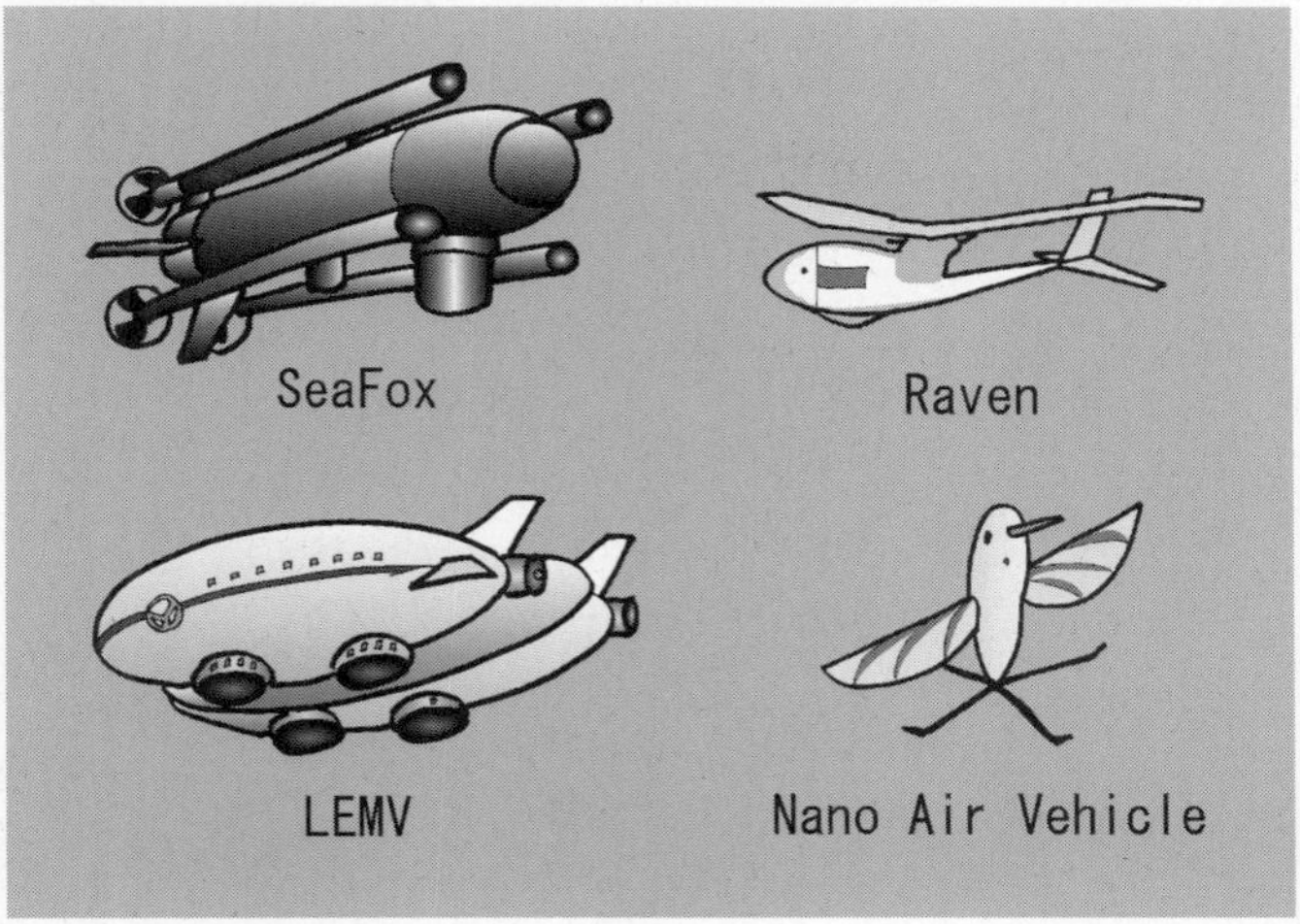

図 32

び立つと二、三カ月も上空に滞在することができる。

そういうものもあれば、これ（**図32右下**）は小鳥のような格好をしていますが、本当に小鳥くらいの大きさのもので、その辺の空間を飛ぶわけですよ。そして、カメラを使って周囲の映像を基地に送る。「あいつらは今、ここにいて、こんなことをしている」などと、いろんな情報を基地に知らせることができる。

それからシーフォックス（SeaFox **図32左上**）というのがこれで、これは海の中に長時間潜行したまま、映像や

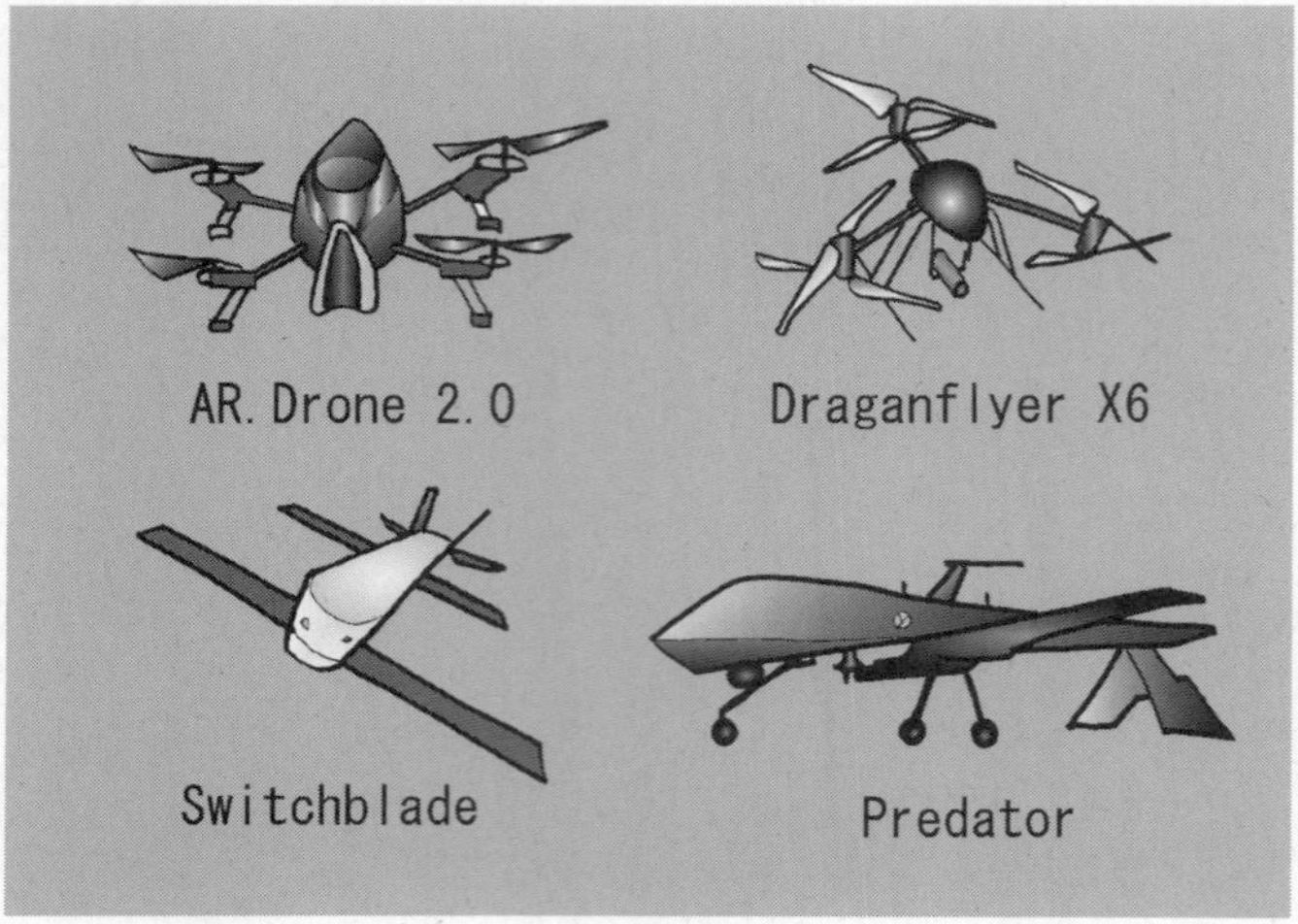

図33

音声を記録して偵察活動をするものでしょう。

こういう各種の無人機は、もう一般への普及段階にあり、軍隊だけでなくて、産業用のものや市民の趣味のためのものも売られています。例えば、フランスの「パロット」社が開発したリクリエーションのための無人機（**図33左上**）は、二、三万円で買えるそうです。これは四基のローターを回して飛び、ハイビジョンカメラを搭載していて、タブレットPCとかスマートフォンを使って操縦できるといいます。そういうものが現在、すでに市販されているのです。

これより一回り大きな無人機（図33右上）は、ホビーとして使われるだけでなくて、警察の監視用などにも使われている。

それから、機体の長さが約六〇センチある戦闘用無人機（図33左下）もあり、実際の戦線で飛んでいる。どういうふうに使われるかというと、都市などの戦場に隠れている狙撃兵を探して、狙撃兵がいる空域まで飛行し、そしてこの無人機自体が〝特別攻撃〟をするのだそうです。つまり、機体の先頭部に弾頭がついているから、それが狙撃兵の周辺で爆発するらしい。

そしてこれは、先ほどの『ＴＩＭＥ』の表紙にも載っていた大型攻撃機です。「プレデター」（捕食者）という名前（図33右下）で、ミサイルも積むことができる。イスラエル空軍の技師によって開発された無人機で、一九九〇年代には偵察用に使われたけれども、二〇〇一年以降は、武器を装備して、攻撃用に使われているといいます。

無人機の技術は、今はアメリカを含む西側諸国を中心に開発され、保有されているので、日本にとってすぐ脅威になることはないと思われます。しかしご存じのように、技術というものは地球上どこへでも持っていけますから、遅かれ早かれ世界に拡大していきます。中国はすでに、無人機を開発しています。自国に一方的に有利な兵器など、存在しないのです。生長の家の「心の法則」が教えるように、「奪うものは奪われ」「攻撃するものは攻撃される」のです。

これらの無人機が今、アメリカでどのように使われているかを示す数字があるので、次にご覧に入れましょう（図34）。

50 → 7,500

294 → 447

300以上 → 50以上

2,629〜3,461

475〜891

図 34

ここにある「50→7,500」という数字は、無人機の数の推移です。十年前には、アメリカ空軍は無人機を五〇機くらい保有していました。今はどのくらいあるかというと、約七五〇〇機です。一五〇倍の激増です。そして、空軍がもつ航空機全体との比較では、三分の一以上を占めている。これは、相当数だと言わねばなりません。

それから、「294→447」と書いてあるのは、無人機による攻撃の激増を示すものです。二〇一一年にアフガニスタンで行われた無人機による攻撃は二九四回でしたが、その翌年に行われたのは四四七回。つまり、一・五倍の増加です。

それから「300以上→50以上」というのは、パキスタンでの無人機による攻撃の数と、それによる死者数です。今のオバマ政権下でパキスタンにおいて無人機による攻撃が三〇〇回以上行われたというのです。パキスタンはアメリカの同盟国です。日米間でこんなことが起こったら、同盟関係は完全に崩壊します。それによるテロリストの幹部の死者数が五十人くらいだといいます。これを「成功」と読むか「失敗」と読むかは、微妙な問題です。パキスタンでは、反米感情が明らかに増大しているからです。

こういう攻撃では事前の警告などありませんから、当然のことながら、現場ではテロリストだけじゃなくて、その奥さんとか子供とか、周辺にいた関係者も巻き込まれて死んでいくわけです。その数字が「2,629～3,461」だろうと推定されています。テロリストと周辺の人の死亡者に対し、それ以外に関係のない一般市民も死にます。その数が「475～891」くらいだとされています。実際の数字は決して発表されず、きっと国家機密ですから、ここに挙げたものは正式に発表されたものではなく、イギリスの調査機関が推定した数です。

ですから、正確ではないかもしれないが、大体三千人から四千人の人が、パキスタン国内でアメリカの無人攻撃機によって死んでいる。そんなことを事実上許しているパキスタン政府が、国民から人気がないのは当然です。また、アメリカとの同盟関係が危機に瀕しているのも当然ではないかと思います。私はこの無人機の使用というものを、特に軍で使用することには反対していて、Facebook上でも反対グループのページを皆さんに紹介しています。反対の理由はいろいろありますが、第一にこれは〝悪を認める〟政策であり、戦法だからです。

生長の家は、どんな犯罪者でも「神の子」であると考えます。これはもちろん、実相と現象の違いをしっかり押さえた上での考えです。表面的に、現象としては罪を犯した人間であっても、その人の〝本心〟――実相の心は、罪を犯したことを恥じ、償いたいと思う。その機会を与えるべきだと考えます。しかし、今の〝テロとの戦い〟の考え方は、そうではない。「イエスかノーか」「敵か味方か、どちらかにしろ」と、二分法の非対称性論理を押しつける。善でなければ悪だから、抹殺しろというわけです。そういう考え方で、無人機による国際法無視の攻撃を続けているし、拡大している。これは、アメリカ社会にとって深刻な結果を生むと私は思います。なぜなら、今回のボストン・マラソンでの爆発事件では、アメリカ市民からテロリストが生まれているからです。

なぜそうなるかということは、「心の法則」を知っている人には分かるでしょう。先ほど触れた「奪うものは奪われる」というだけでなく、「認めるものは現れる」という現象顕現の法則も働くからです。「テロリスト」という〝最大限の悪〟の評価をつくり、これを人間に当てはめれば、そのような思想や行動をする人々が現象として現れるでしょう。そして、そういう人々に「お前たちの存在を認めない」という戦法を採れば、相手方も同じことを考えるわけです。だから、テロというものは〝連鎖〟するのです。ある悪者が突然に現れて人々を殺すのではなく、その前の段階として、特定のグループの人間が〝悪〟とされ、存在を否定されたことへの報復であることが多いのです。

これを、先ほどの円錐形の〝心の模型〟に合わせて考えてみます（図35）。「テロリストは直ちに抹殺する」という考え方は、このテロリストとつながっているイスラーム過激派を全部敵に回すことになるでしょう。イスラーム教徒にとって、イスラーム過激派とそれ以外のイスラーム信仰者との差はそれほど大きくない。それは確かに、覚めた意識（現在意識）で分析すれば、ある宗派の考え方と他の宗派の思想や行動とは微妙に違うかもしれない。しかし、少なくともイスラームを信仰する人々の潜在意識の中では、「A君の母親」と「すべての人の母親」が同一化されるのと同じように、感情的には、イスラーム過激派に対する攻撃は、すべてのイスラームへの攻撃と同一化されやすいのです。穏健派と過激派の違いをどんなに論理的に説明しても、現在意識は納得するかもしれないが、感情を司る潜在意識は納得しない。そして、宗教というものは、潜在意識に訴える技術に長けているので

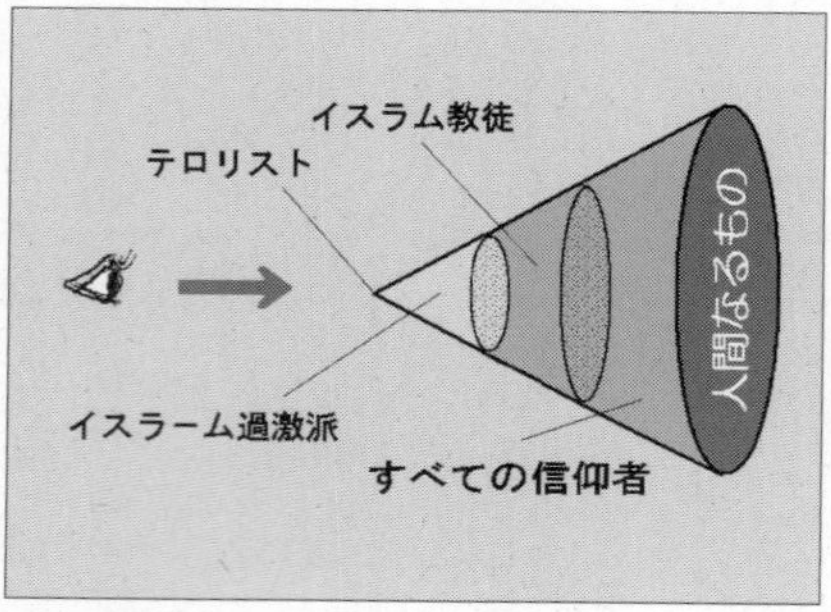

図35

す。

一部の政治的に先鋭化している人を「テロリスト」と呼び、他の人々と論理的に区別することは簡単かもしれない。けれども、その人を言葉で切って捨てて、人間として取り扱わず、裁判もしないで殺すということが正しいという考えは、民主主義の原則を否定することになり、非常に危険です。ある国が他国にそれをすれば、戦争は必然であり、国家が国民にそれをすれば、すぐに自分に跳ね返ってくるでしょう。アメリカ国内では、まさに今、それが起こっている。イスラーム過激派の中心にはいなくても、周縁部でつながった同じような考えの人たちが、何の罪もない、一般のマラソン参加者――これは社会の代表ですが、その人たちを爆弾によって殺すという事態が起こっている。

このような社会の〝先鋭化〟は、人類が非対称性の論理を偏重して育ててきたことが、その背景にあると私は思うのです。私は、非対称性の論理をまったく否定しているのではありません。人間には左脳があって、右脳と共に機能することで健全な社会生活が営まれるのと同じように、非対称性の論理は、人間の生活の重要な部分に必

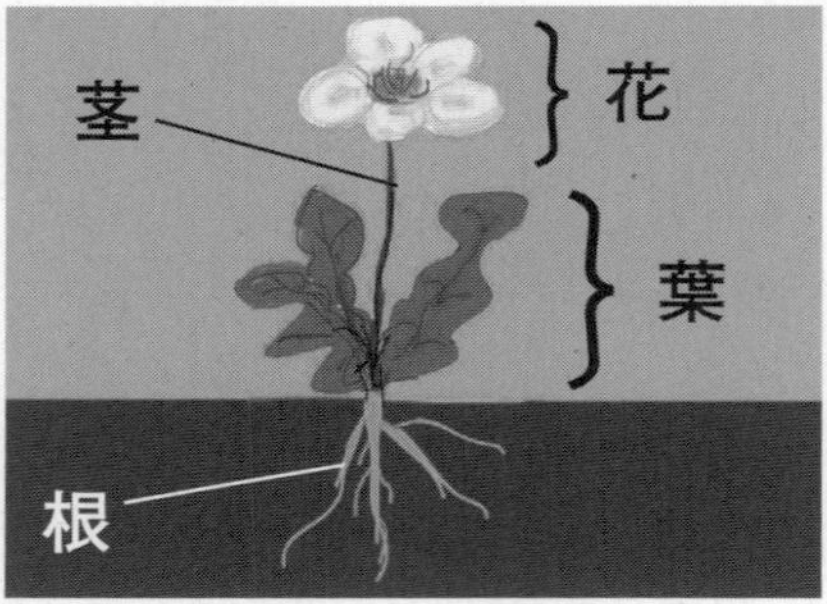

図36

要なものです。しかし、それにはバイロジック（二重論理）が働くことが前提です。つまり、対称性の論理と対になって機能しなければならない。簡単に言うと、私たちは右脳をもっと活性化させる必要があるのです。差違よりも共通点を見出すことが必要です。

この話は、講習会でも時々するのですが、人間は言葉の力を逆用することがある。私たちは、植物をいろいろな部分に分け、それぞれに名前をつけて呼ぶことをしています（図36）。それは「花」「茎」「葉」「根」などです。そうすると、名前をつけたものが、本当にそれぞれ別個に存在するような印象が生まれる。しかし、よく考えてみれば、「花」というものは存在しない。植物の全体が存在するのであり、その一部――生殖器に当たる部分――が色や形の面で見分けがつきやすいので、人間が頭の中でそれを取り出して、「花と呼ぶ」のです。「花が存在する」のではないのです。このようにして、私たちは外見上、周囲と変わって見えるものを〝固まり〟として捉えて、概念的に取り出し、それに名前をつけるという仕方で、世界の色々なものを心で作ってきたのです。「花」というものがあるように見えても、本当は「花が在る」のではなく、人間が植物の一部を「花と呼ぶ」のです。同じようにして「茎」というものがあるのではなくて、「茎と呼ぶ」だけである。「葉っぱ」や「根」があるんじゃなくて、植物のある部分を人間が心で切り取って、「葉」とか「根」と呼ぶのです。

このように植物の部分に名前をつけると、それぞれが植物全体とは切り離されて別個に存在するかのように感じられる。そして、それぞれの部分を捉えて注目すると、あるものに対して別のものが対立関係にあり、利害が一致しないという考えに陥りやすい。例えば、ここ（根）に注目すれば、根は大地から一所懸命に水分や栄養を取り出して、「茎」を通して「花」や「葉」に運んでいきます。「根」を中心にして考えれば、自分がせっかく取り出した栄養素を、花や葉が奪ってしまうように見える。だから、根は花を許せない。「花はテロリストだ」と根が考えたとしたら、この植物はどうなりますか？　植物は枯れます。極端な非対称性の論理は、より大きな全体に対して機能不全や死をもたらすのです。

私は、人類はどうもこんな生き方を始めていると思うのですね。そんな生き方は決して望ましいことではないので、それが進行していくのに対して、反対方向の力を積極的に発揮していく必要があります。それが現在の宗教の役割だと私は思うのです。

図37

現代文明は、非対称性の論理を主体として利害対立の方向に突き進んでいる。それは、都市が拡大していることから分かります。都市というものは、主として非対称性の論理によって作られ、動いているからです。物事を部分に「分けて」考え、個々の部分が中心だと考える。宗教というものはそうではなくて、部分と部分を「融合」させ、「統合」し、「総合」し、「全体」として捉える態度を基本とします。「神」や「仏」という概念は本来、全体を覆うものだからです。そこに宗教の存在価値がある、と私は考えます。

私は実は、そのことを『大自然讃歌』（図37）の中でも表現しているのであります。自然界は、部分部分に分解して考えるのではなく、全体として、統合して考えるべきだと、この自由詩は教えています。お持ちの方はこれを開けてみてください。

ここには、今日のキーワードである「対称性」「非対称性」という言葉は出てきませんが、それらの二つの論理が、天使《てんのつかい》と天の童子の対話として表現されています（図38）。天使と天の童子が論争していますが、両者の立場を大ざっぱに分けると、天使は対称性の論理で世界を見ている。部分に執着せずに、全体を見渡す態度で、共通点を見ている。それに対して異議を唱えているのが天の童子で、天の童子は自然界を構成する個々の生物種に近づいていって、細部に執着するのです。この円錐型の立体模型を使うと、天使が見る自然界は円錐全体であるのに対し、天の童子は円錐の先端だけを見つめて、そこと周囲の部分との間に奪い合いやケンカ

天使い＝対称性

天童子＝非対称性

図38

があるじゃないかといって、迷っているのです。
どちらが正しいかということは、讃歌が進むにつれて分かってきます。その論争の部分をちょっと紹介いたしましょう。『大自然讃歌』をお持ちの方は二頁をお開きください。

天使《てんのつかい》、自然界を讃えて歌い給う――

というところからです。

神は唯一の存在なれど
かくの如く多種、多様、無限豊穣を生み出し給う。

このように、天使の視点は全体を見ており、そこにはたくさんの相――多種多様があり、そのことによって無限の豊かさが生まれているというように、全体を描写しています。

地球の自然は
個にして全、
全にして個の姿を
如実に現し
吾らに神の無限相を顕示せり。
森は一つ生命の塊と見ゆれども、
近寄りて見れば
無数の生物種棲む
多様なる生命共存の場、
相互向上の舞台なり。

森林すなわち自然界は一つの塊のように見えるけれども、その中へ入っていくと、いろいろな生物が、それぞれの仕方で繁栄している。一部は〝弱肉強食〟のような相を現じているかもしれないが、全体ではきちんと生物種の棲み分けが行われており、調和し、共存している、と説いているわけですね。この詩を全部読んでいる時間がないので、少し跳ばして九頁あたりへ行きます。すると、天使の讃歌に対して、天の童子が反論する場面が出てきます。

かく天使《てんのつかい》歌い終ると、
一人の天童子、
森より出で来りて
天使を仰ぎ見て曰く——
「師よ、自然界の荘厳と多様と
無限の不可思議は、
しばしば吾が心を圧倒せん。
されどこれら多種多様の生態系は、

死闘と奪い合いの結果に非ざるや」と。

全体は美しくバランスしているように見えるかもしれないが、個々の生物は死闘を繰り返しているじゃないか、と指摘するわけですね。そうすると、天使が続いてこう言います。

汝ら、

生存競争・適者生存の用語に惑わさるることなかれ。

これらの用語、

「競争に敗れしは死滅し、

他を死滅せしは適者なり」と考うる因《もと》なり。

こういう考え方が、私たちの社会には実際あるわけです。しかし、本当はそうじゃない。個体が一時「競争に敗れて」も種全体は死滅したりしません。ヘビはカエルを呑みます。確かに、自然界ではそういうことが起こります。しかし、ヘビはカエルに比べて数が少なく、カエルを食べても死滅させるほど食べはしません。絶対にしない。なぜなら、そんなことをすれば自分も死滅するからです。自然界では、どこかでブレーキがかかって、ヘビもカエルも個体数が適当な数に調整される。どちらか一方が、他方を食い尽くしてしまわない。本当は「他を死滅せしは不適者」なのです。

ときどき私も、テレビの衛星放送か何かで、アフリカの草原地帯での動物同士の争いの場面を見ることがあります。けれども、常に争い、戦っているわけではない。ライオンも普段は、シマウマやキリンと一緒のところにいて、お腹が空いたときだけ起きて、狩をする。彼らにはみな「節度」というものがある。

ところが、人間は何をやっていますか？　寝ているときにも起きている時にも、あらゆる機会を利用し、様々な広告手段を活用して、商品やサービスの宣伝をし、「あなた方は、寝ていてはいけない。こんなステキな商品があるから、もっと消費しなさい」というメッセージを流し、欲望を喚起している。「もっと消費をすることで経済が豊かになり、社会のためになる」と言うのです。節度や節制を行うことは、経済にマイナスだと考えるのです。何かオカシクないですか？「生存競争・適者生存」という言葉には、一方が他方を完全に死滅させること、そういう一種の〝ジェノサイド〟が正常であり、それを行うものが適者である、というニュアンスが含まれています。「他からより多く奪うものが成功者である」という考え方です。これは、実際の自然界で起こることではない。人間の勝手な想像であり、非対称性の論理の産物です。対称性の論理は、私たちの心の中にもともとあるものですから、私たちはそれを活性化し、「他からより多く奪うものが成功者である」という非対称性の論理の過剰を修正しなければならない。自と他とを別物として見るのではなくて、一体のものとして見て、その通りに行動することが大切です。これは宗教が昔から薦めてきた生き方の一つです。聖書には、どんな相手であっても、助けを必要とする人に愛の手を差し伸べなさいと教える「良きサマリア人」の寓話もある。仏典にも似たような訓話はいっぱいあります。一見〝敵〟と見える人も、本当は敵ではなく、自分の欠点を教えてくれる観世音菩薩である――こういう教えは、自と他との境界線を消してしまう対

図 39

称性の論理です。

そのことは生長の家でも説いているのであって、今日のテキストにも同様のことが書いてあります。お持ちの方は『新版 生活の智慧365章』（図39）、三〇頁を開けてください。「自己に忠実に」と書いてあるところから読みます。

休日が得られて遊びに出て、「ああ今日は楽しかった」という人があるが、それはそれで可《よ》いが、休日だけが楽しいので、働く日が楽しくないようなことではいけないのである。人間は〝神の子〟であるから、常に楽しいのが当然のことであり、人間の仕事は、神から与えられた其《そ》の時その場に於《お》ける使命であるから、仕事をするときにも「神と共にある」という幸福感や働き甲斐がなければならないのである。「休日だけが楽しい」というような考え方は、幼い時に、大人が子供に以心伝心的に教え込む考え方で、他の人の幸福のために貢献するよりも、自分だけの興味のために行動する一日が楽しいという大人の利己的考えが吹き込まれているのである。

人間は自己に忠実に生きなければならない。併《しか》しながら、「自己に忠実に生きる」とは決して利己的に生きることでも、他の人の幸福を考えないで生きる事でもないのである。人間の「本当の自己」は実相に於て「すべての人間の自己」とつながっているのであるから、「本当の自己」に忠実に生きるということは、結局、すべての人間の幸福に貢献するような生き方をすることになるのである。

（同書、三〇～三一頁）

ここには、人間社会内部のことが説かれているのですが、「人間は神の子である」という真理からすれば、生物全体や地球全体を視野に入れて、今、読んだご文章を読み替えることができます。ここで「利己的考え」とか「利己的に生きる」と書かれているところは、「人間中心主義の考え」であり、「人間中心主義に生きる」ということになります。私たちはそういう価値観や生き方から脱却し、生物全体で形成する社会、すなわち地球環境全体に価値を認めて、その恩恵に生かされていることを感謝し、恩返しをしなければならない。私たち人類が世界の中心なのではない。すべての生物――地球環境を構成するすべてのものが、私たちの肉体生命を支えてくれているがゆえに、私たちは今ここにある。こういう対称性の論理を私たちがもっと自覚し、強調し、活性化させて、仕事の面においても、私生活の面においても、非対称性の論理の過剰を修正する方向に動き出すことが必要になっています。

　生長の家が〝森の中〟に行くということも、その一つの動きです。自然破壊から自然との共存への動きです。私たちは、そういう方向に対称性の論理を推し進めていく決断をしたわけです。

　「対称性の論理」などというと、何か堅苦しく、非人間的に聞こえるかもしれませんが、これは結局、私たちの心にもともとある〝仏心〟とか〝神の子の本心〟の活動なのです。自他一体の感情の発露ですから、愛の活動であり、四無量心《しむりょうしん》*1の実践です。「他から奪おう」とするのではなく、「他を生かそう」「自他ともに伸びよう」という私たちの〝本当の自己〟の叫びなのであります。その叫びを多方面に表現し、できるだけ多くの人々に共感を与え、さらにそれを実生活に生かして、今の世界全体が向かっている非対称性の方向とは逆の、もっと互いの共通点や一致点を認める方向に、皆さんそれぞれの分野において工夫し、社会変革の原動力になっていただきたい。そう念願する次第であります。

それでは、時間がなくなりましたので、私の話を終わらせていただきます。ご清聴ありがとうございました。（拍手）

——二〇一三年四月、生長の家白鳩会全国幹部研鑽会、生長の家相愛会・栄える会合同全国幹部研鑽会、生長の家青年会全国大会での講話

＊1　仏の四つの深い愛＝慈悲喜捨のこと。

第三章　宗教における都市と自然

都市と宗教

全世界から集まられた生長の家の本部講師、本部講師補の皆さん、幹部の皆さん、生長の家の運動の新しい国際本部となる〝森の中のオフィス〟にようこそおいでくださいました。ありがとうございます。また、昨日の午後から、本教修会での発表を担当してくださったブルース・マレリー講師、久都間繁講師、天地忠衛《まもる》講師、斉城偉《すぐる》講師、大島達郎講師、そして一日目の講話を担当してくださった谷口純子・白鳩会総裁、本当にありがとうございました。私はこれから、これらの講師の皆さんが話された広範で多岐にわたる、貴重な情報を集めて、一つのまとまったメッセージとして皆さまにお届けしなければなりません。これは実に大変な役割で、胃が痛くなりそうです。どうか皆さまの暖かいご支援をお願いします。ありがとうございます。

今回の生長の家国際教修会のテーマは、「宗教における都市と自然」でした。このテーマが選ばれた理由は、ここにお集まりの皆さんには明らかだと思います。それは、生長の家の国際本部が大都市・東京から、ここ〝森の中〟の自然へと移転したからです。生長の家は都市から自然に本拠地を移し、そこで何をするかが今、私たちの重大な関心事であるわけです。そういう問題意識をもって、世界の諸宗教の歴史をひもとくと、それぞれが都市と自然との関係の中でいろいろな経験をし、それらの経験から私たちが学ぶべきことがあるのではないか――それが今回の教修会の目的でした。皆さんのお手元にある概要説明には、そのことがこう表現されています。

古代における伝統的な都市の多くは宗教の中心であり、必ず宗教施設が置かれていた。また、釈迦が都市を支配する王家の出身であり、イエスが都市労働者の子であり、かつ都市に溶け込んで布教し、ムハンマドも当時の国際商業都市、メッカに生きる商人であったことを思えば、仏教、キリスト教、イスラームなどの世界宗教も、都市なくして誕生せず、また発展することはできなかったと思われる。日本に於いても、現在に続く多くの仏教宗派が鎌倉時代に成立したが、それらに共通する大きな特徴は都市で始まったことにある。だから、都市には、宗教を生み育てる重要な要素が存在するに違いない。その一方で、都市は人間が自然の〝過度〟な影響を排除して生きるために構築した場であり、人間の欲望を満たす場でもあった。別の言葉でいえば、都市には「聖」と「俗」の要素、あるいは〝善〟と〝悪〟の要因が混在しており、そこから宗教が生まれたと考えられるのである。

都市は欲望の地

この二日間にわたる研修で、私たちは都市と自然を背景として宗教が抱えてきた問題について、多くのことを学んだと思います。ブルース・マレリー講師の発表では、キリスト教には、都市に多く集まる金銭や財産は「完全」になるための障害であるという考え方があると指摘されました。具体的には、その教えは次の聖句によります——

もしあなたが完全になりたいと思うなら、帰ってあなたの持ち物を売り払い、貧しい人々に施しなさい。そうすれば、天に宝を持つようになろう。そして、わたしに従ってきなさい。

（『マタイによる福音書』第一九章二一節）

この教えにしたがって、金銭欲や物欲を放って、自然の中でできるだけ無一物で神と共に生きるという考え方が、修道院生活の基本にはありました。

この聖句のあとには、聖書には次の有名なキリストの言葉が記録されています——

よく聞きなさい。富んでいる者が天国にはいるのは、むずかしいものである。ま

た、あなたがたに言うが、富んでいる者が
神の国にはいるよりは、らくだが針の穴を
通る方が、もっとやさしい。

(同章二三〜二四節)

聖アントニウス

この聖句を文字通り実行しようとした初期の聖人として、マレリー講師はエジプトの聖アントニウス(St. Anthony the Great, 二五〇〜三五六)のことに言及しました。聖アントニウスは、羊飼いなどの牧夫の守護聖人と見なされていて、エジプト北部地方に住み、キリスト教では、禁欲的な修道生活の創始者とされています。この禁欲的修道生活の伝統は、ギリシャ正教、ロシア正教も含めたキリスト教全体の中では、とても長く、そして影響力も大きいものでありました。その伝統を確かなものにしたのが、聖ベネディクト(四八〇〜五四七)によって打ち立てられたベネディクト派の「聖ベネディクトの戒律」(the Rule of St. Benedict)でした。

ベネディクト派は、カトリック教会最古の修道会として知られています。五二九年にヌルシアのベネディクトがローマとナポリ間にある標高約五〇〇メートルの岩山、モンテ・カッシーノ（Monte Cassino）に創建した会派で、その戒律は「服従」「清貧」「童貞（純潔）」でした。ベネディクト会士は黒い修道服を着たことから「黒い修道士」とも呼ばれました。同会の伝道範囲・活動範囲は、イタリア半島のみならず現在のイギリス、ドイツ、デンマーク、スカンジナビア半島、アイスランド、スイス、スペインに及び、中世ヨーロッパにおいて、伝道、神学、歴史記録、自然研究、芸術、建築、土木などの分野に果たした役割は大きいといいます。

享楽から遠ざかる

聖ベネディクトが修道院の生活の規範とした戒律（「聖ベネディクトの戒律」）は、十二世紀に至るまで西方教会唯一の修道会規であり、フランシスコ会、ドミニコ会以後の多くの修道会の会憲や会則のモデルとなったといいます。ベネディクトの妹スコラスティカも、同じ精神をもって生活する女子修道院を開いています。同会の会員は「清貧」「従順」「貞潔」および「定住」の誓願をたて、修道院において、労働と祈りの中で共同生活を送りました。

ところで、イスラームにおいては、スーフィズムがこのキリスト教の修道会の制度を取り入れました。日本におけるイスラーム研究の第一人者、井筒俊彦氏によると、ムハンマド没後の六六一年に始まるウマイヤ朝期には、イスラームは都市に於いて拡大し、そこでの物質主義的、享楽主義的文化に影響されたことで、「教祖在世の頃、信徒の胸に烈々と燃えていた熱い信仰の炎は消え失せて宗教は外面的儀式となり、人々は神の懼《おそ》れを忘却して、ひたすら現世の快楽を追い求めるに汲々たる有様であった」（『イスラーム思想史』、一七四頁）といいます。イスラム最大の歴史哲学者の一人であるイブン・ハルドゥーンも、都市文化の退廃の様子を次のように嘆いています――

都会の人は一般にさまざまな快楽に耽り、奢侈《しゃし》や現世における栄達や欲望の追求に身を委ねがちである。このためかれらの心は悪に染まってしまい、善の道からはずれてしまっている。田舎や砂漠の人は都会の人と同じように現世のことに関心をもっているといっても、生活必需品に関してであって、奢侈とか快楽の対象となるものについてではない。田舎や砂漠の人の行動を規制する習慣は、その生活同様に単純であって、かれらの犯す過ちも都会の人の過ちと較べると微々たるものでしかない。

田舎や砂漠の人は自然状態に近く、都会の

イブン・ハルドゥーン

人と違い、罪深くて醜い行為を繰り返すうちに芽生える悪徳に、その心が染まっていない。田舎や砂漠の人に対しては容易に罪を諭し、善行に導くことができる。都会の生活は文化の頂点であると同時に、堕落への出発点である。都市生活は悪の最後の段階であり、善からもっとも遠い

（藤田弘夫著『都市の論理――権力はなぜ都市を必要とするか』、一七二～一七三頁）

久都間講師の発表にもありましたが、西暦六六一年に成立したウマイア朝の初期には、このような都市の乱れた状況に堪えかねて、現世を否定的に見、魂の救済を求めるスーフィズムの運動が起こります。ここで思い出していただきたいのは、イスラームの聖典である『コーラン』は聖書の記述を前提にしているということです。聖書には『ダニエル書』や『ヨハネの黙示録』のように、〝最後の審判〟と現世の終わりを予言する〝終末論〟が説かれています。だから、物質主義的な都市の繁栄に疑問を感じたスーフィーたちは、「享楽的な生活の末は、必ず滅亡がやってくる」という信仰から、危機感を感じて運動をしました。

このスーフィーたちの修道生活が組織化されていった原因について、井筒氏は次のように述べています――

そしてこの「修業道《タリーカ》」の組織化に重大な貢献をしたものは、既に四、五百年も以前から、主としてシリア地方からアラビア砂漠の奥地にまで入り込んで隠栖《いんせい》生活を送り、特色ある修行実践道を創り出していたキリスト教の修道者達であった。

（前掲書、一七七頁）

そして、井筒氏は、これらスーフィーの生活を描いたスーフィー自身による著作から次のように引用しています――

「彼らには種々特色ある風習や生活様式があるが、なかでも、現世的事物の極少部分をもって満足し、食物のごときも絶対必要の最少量しかとらず、衣食住を最小限度に切りつめている。彼らは富裕を棄てて貧困を選び、欠乏を好んで豊沃《ほうよく》を避け、満腹を去って飢餓を取り、全て多よりも少を選ぶ。また高位顕職を望むことなく、万人万物に慈悲の心深く、大なる人にも小なる人にも共に謙虚の心を失わぬ」。

（同書、一七八～一七九頁）

このような例を見て私たちに分かることは、人間は洋の東西を問わず、物質的繁栄や享楽的生活に〝弱い〟ということです。信仰深い修道士たちでさえ、豊かな生活の中でつまずくことがありました。しかし、また、そういう自分たちの〝心の弱さ〟を知って、深く反省し、さらなる〝神への従順〟を決意して、欲望を抑え排除して進む意志を貫き、何度でもそれを実行してきたという歴史が、宗教運動の中にはあります。また、そういう努力は決して無駄だったのではなく、その努力の中から、価値ある文化や思想が生まれ、後世に伝えられてきていることを忘れてはいけません。

宗教と経済的繁栄

マレリー講師が述べたように、『聖ベネディクトの戒律』では、食事や服装の決まり、代表者（abbot）の選び方、最低五時間の手仕事、三時間おきに行う一日八回の祈りの儀式などが細かく定められています。それらは当初、〝初心者の小さな決まり〟（beginner's little rule）として定められていましたが、しだいに、カトリック全体にとって無くてはならぬ〝戒律〟に変化していきました。これら修道会の運動は、しかし、何回もの〝改革〟（reformations）を必要としました。詳しくは、マレリー講師が発表した通りです。その理由はいろいろあると思いますが、一つ挙げられるのは「経済的発展」との関係です。農作業を含む手仕事を重んじた修道士たちは、厳しい環境の中でも工夫や努力によって自給自足的な生活から富を生み出し、経済力を手にするようになりました。そのこと自体は、決して悪いことではないどころか、文化を生み、育て、伝える役割を演じてきました。修道制度のこの〝光明面〟について、少し言及させてください。

ヨーロッパ中世の研究者であるアン・フリーマントルは、ベネディクト派の修道士たちの社会への貢献について、次のように書いています——

修道院の穀物畑、菜園、果樹園、養魚池などは、新しい農業技術の試験場のような役割りを果たした。図書館は、幾度となく繰り返された蛮族の侵入による破壊の手をのがれた書物の宝庫であった。写字室《スクリプトリア》（scriptorium）の中で、修道士たちは書物を転写し、ヴェルギリウス、オヴィディウス、シーザー、キケロなどの作品や、ギリシア語で書かれた著作のラテン語訳を後世に伝えたのであった。また修道士たちは、自分の衣服を織り、自分のぶどう酒をつくり、大工や石工の仕事も自分で行なった。彼らはこれらの有益な技術を、周辺の農村の人々にも教えた。病気の者や飢えた者を修道院の救護院に収容し、学問したいと思う者には修道院学校で教育を授け、家郷を遠く離れて旅する者には修道院の客院を提供した。

（『信仰の時代』、二三四頁）

しかし、このように経済や文化、教育の面で社会に貢献した修道院制度であっても、経済的豊かさから生じる人間の心の問題については、必ずしも完璧な解決方法は見出していなかったといえます。その背景の一つとして、当時の社会では教会が国から手厚く保護されていたことが挙げられます。教会の所領と聖職者は、租税を免除されていたし、犯罪で告発された聖職者は、軽犯罪の場合は法廷ではなく、教会での裁判が許されていました。つまり、仲間うちでの裁判です。また、教会に大きな経済的恩恵を与えた制度としては、教会が金銭や財産の遺贈を受けることが許されていたことが挙げられます。これによってヨーロッパ中の国王と貴族が、自分たちの富を教会に贈与することを美徳の徴《しるし》と考えるようになったといいます。前出のフリーマントル氏によると、この傾向によって、「教会と修道院は、しだいしだいに富裕になり、数世紀たつうちに、その所有地からあがる収入だけで、ヨーロッパのどの国の歳入をも上回ることが多くなった」(三二頁)ほどでした。

すると、信仰生活に緩みが生じ、戒律への真剣さが失われ、欲望を満たすことへの抵抗が失われていったと考えられます。そこから、次なる改革への必要性が生じてきます。興味あることには、これらの改革はすべて未来を目標としたというよりは、修道生活の基本である禁欲的信仰生活、さらにはイエスと十二弟子が生きた〝無所有の生活〟にもどれという〝原点復帰〟の運動であった点です。マレリー講師によると、シトー会にいたっては、イエスよりもさらに時代を遡るモーセの四十年の放浪生活に還ることさえ目指していたといいます。このシトー会のうち最も厳しい戒律をもつ「厳律シトー会」の流れをくむ修道会が日本にもいくつかあり、その中では北海道の「当別トラピスト修道院」と九州の「大分トラピスト修道院」が有名です。「トラピスト」とはフランスのノルマンディー地方のトラップ修道院の戒律に従うという意味の通称で、正式には「厳律シトー修道会」といいます。

権力は腐敗する

経済的豊かさが人を信仰生活から遠ざけるという問題以外にも、私たちがキリスト教修道会の歩みから学ぶことは多くあります。その一つは、「権力は腐敗する」ということです。経済的豊かさは権力と結びつくことが多いのです。とりわけ近世までの歴史においては、国家と教会は未分離でしたから、教会の権力は国家によって裏づけられる強力なものでした。それは、人々の日常生活を規制し、支配していました。ヨーロッパの宗教改革は、この問題に鋭いメスを入れました。一五一七年十月に始まった宗教改革は西ヨーロッパ全土に広がり、同じ精神のもとに、教会権力の束縛から逃れようとする大勢の人々が〝新大陸〟アメリカへ渡り、二五〇年後のアメリカ合衆国成立（一七七六年）につながります。

宗教改革については、すでに多くの人は学校や教会で勉強したことと思うので、あまり多くは説明しません。ただ、そのきっかけとなった「贖宥符《しょくゆうふ》」については、当時の教会の腐敗の状況を思い出していただくために、ここで触れておきましょう。私が高校時代に習った世界史の教科書では、「贖宥符」の代わりに「免罪符」という言葉が使ってあったのですが、カトリックの教えには正式には「免罪符」という考えはありません。中世の教会の教えでは、罪を犯した人はそれを悔い改め、司祭の前で罪の告白をしたのち、贖罪のための行為をすれば、罪を赦されることになっていました。罪を償うためには、人々は巡礼や断食、慈善の行為などを求められましたが、時代がくだってくると、教会への寄進や献金などによってそれを代替できるという考えが生まれました。これが、贖宥符を金で買うという行為につながっていったのです。

ローマ教皇のレオ十世（在位一五一三〜二一）が、それを正式に認めたことが問題を大きくしました。教皇は、ローマのサンピエトロ大聖堂の改築に要する莫大な費用を捻出するために、霊魂救済をうながすためと称して、ドイツで大々的に贖宥符を販売することを許可しました。それを引き受けたのが、ドミニコ会の修道士、ヨハネス・テッツェル（一四六五〜一五一九）でした。テッツェルは、贖宥符を買うために人々が払う金貨が、贖宥箱の中に落ちてチャリンと鳴ると、その人の魂は天国に上って救われると言いながら、お札を売ったといいます。それを聞いた人々は、金さえ払えば救われると考え、喜んで贖宥符を買ったといいます。この教会の行為に大いに疑問を感じ、ローマ教皇に対して「九五カ条の提題」（一五一七年）を出したのが、マルティン・ルター（一四八三

テッツェルの贖宥符販売

〜一五四六）でした。

宗教が経済的権益と結びつくことによっても、信仰の純粋性は失われます。贖宥符の問題は、当時のローマ教会のみが独占的に贖罪のためのお札を発行できるという状況の中で起こったことですから、経済的権益の濫用の一例としても見ることができます。谷口純子・白鳩会総裁の講話の中には、良寛和尚が当時の寺請檀家制度に反対して寺を持たず、乞食《こつじき》の布施行の生活を徹底したという話が出てきました。そして、この制度はキリスト教を排除するための一種の〝民衆囲い込み〟が目的であり、これによって「寺での葬式や法事が利権化して、僧侶たちは托鉢をしなくても食べていける」ようになったとありました。だから、経済的権益の確立は宗教を腐敗に導くことがわかります。

安田靫彦画「良寛和尚像」（部分）良寛記念館蔵

宗教が国や政治権力と結びついたときの問題は、さらに深刻です。これについては、私たちは過去の教修会においてすでに学んできたところです。それは、極端な場合には戦争を引き起こし、遂行させる大きな要因になるということです。過去のヨーロッパの宗教戦争がそれを有力に語っており、現在でも、イスラーム原理主義にもとづくテロと、そのテロを撲滅させるための戦争が多大な犠牲を払って行われていることを、私たちは知っています。それらのことから、先進国の多くでは、今日では「政教分離」あるいは「聖俗分離」の考え方が採用されているのですが、そうでない国もまだ数が多く、信仰を理由とした紛争が延々と続いているため、そこから平和に有害な宗教や信仰など捨てるべきだという無神論の考え方も生まれています。

しかし、私たちが充分知っているように、宗教は人類に紛争や戦争だけをもたらしたのではありません。ユダヤの預言者は国王の悪政をたしなめ、イスラームの指導者たちは政治が信仰から逸脱していると叱り、ローマ教皇は愛のない国際政治の欠陥を指摘してきました。また、各宗教の信仰者たちは、神の御心を実践するために、戦場や飢餓、災害の現場に駆けつけて、病み、傷ついた人々の救援活動に尽力してきました。このような宗教が説く徳性や倫理を政治に反映させようとする努力も古来、各国で続けられてきました。その中で、仏教はあまり目立った活動をしていないように見えます。しかし、この世界宗教については特筆すべきことが一つあります。それは、仏教が国家権力と結びついて戦争の当事者となることは、過去においてはほとんどなかったということです。宗教研究者の保坂俊司氏の言葉を借りれば、「仏教のみが、世界宗教の中で、武力を伴わずに世界に平和裡に伝播された宗教だ」(『国家と宗教』、一四八頁)ということです。仏教が、世界で最初の普遍宗教であるという事実をこれに加えて考えれば、これは驚くべきことではないでしょうか。このことは仏教の教義の中に、本当の意味で平和を実現するための教えが含まれていることを示唆しているのではないでしょうか?

空の思想

保坂氏は、このような仏教の教えの特徴として「空《くう》の思想」を取り上げていますが、私はそれに大乗仏教の「菩薩の思想」を加えたいと考えます。

まず、「空の思想」ですが、これが戦争の回避につながる理由は、空の考え方では「いかなるものにも実体はない」と主張するからです。これはもちろん、私たちが肉体をもって生活するときに体験する現象世界のことです。そこには〝本当の価値〟はないと考えるのです。現象はすべて個々の事象の関係性によって成立しているから、現象それ自体で存在するユニークな実体（自性）はナイ、と考えるのです。生長の家では、これをもっと簡潔に表現して「現象はナイ」といいます。この現象世界のどこかに絶対的な価値があると考えると、その価値を死守するために、他を否定し破壊することを容認する考えにつながります。このことは、現在のパレスチナ問題を考えるとよく分かります。地球の地理的な一点に、対立する二つの勢力の〝聖地がアル〟と信じることで、その土地の奪い合いが、暴力的な手段を含むあらゆる方法で長い間、継続することになります。「空の思想」では、現象世界のすべての存在は空である――即ち実体はないので〝本当の価値〟ではないと考えるのです。

これを、植物の花を例として説明しましょう。道元禅師の『正法眼蔵』には「空本無華」（No flower in emptiness）の喩え話が出てきます。それは、次のようなものです――

空は一草なり。(Emptiness is like a plant.)
この空必ず華咲く。(This emptiness will certainly produce a flower.)
百草に華咲くがごとし。(Just like a hundred plants will do the same.)
この道理を道取するとして、(As this logic holds true,)
如来道は空本無華と道取す。(The truth is that emptiness in itself does not have a flower.)

私たちは植物を見るとき、多くの場合、それに花が咲いているかどうかを問題にします。咲いていないと、価値がないと考えがちです。しかし、花が咲いていなくても、その草にはやがて花が咲くか、翌年には大抵花が咲くものです。その草には本来、花

が咲き、実を結び、子孫を殖やすという機能が備わっていても、時期や環境の条件によって、そのすべての機能が一時《いっとき》には現れないだけです。現れていないけれども、花の機能は本来アルというのが「空」の意味です。ナイように見えていてもある。アルように見えていても、そこにはナイということです。生長の家の前総裁、谷口清超先生は、道元禅師のこの喩えを解釈して、次のように説かれています——

まさに知らなければならぬ。「空」とは何もないことではない。それは一見無のようでもあるが、その奥に「全」がある。それは草のようなもので、今何も咲いていなくても、「華」がすでにその奥にあるのだ。それ故必ず咲くのである。そのように空も華がさく。この道理を説こうとして、釈尊は「空本無華」即ち空には本来華はないぞといわれたのだ。それは一定の華という形がないのだということである。本無華といっても、実相は「今有華」今華がさいている。それは桃の花でも李《すもも》の花でも、そのようなもので、梅も柳も同じことである。

(『正法眼蔵を読む　上巻』、四七六〜四七七頁)

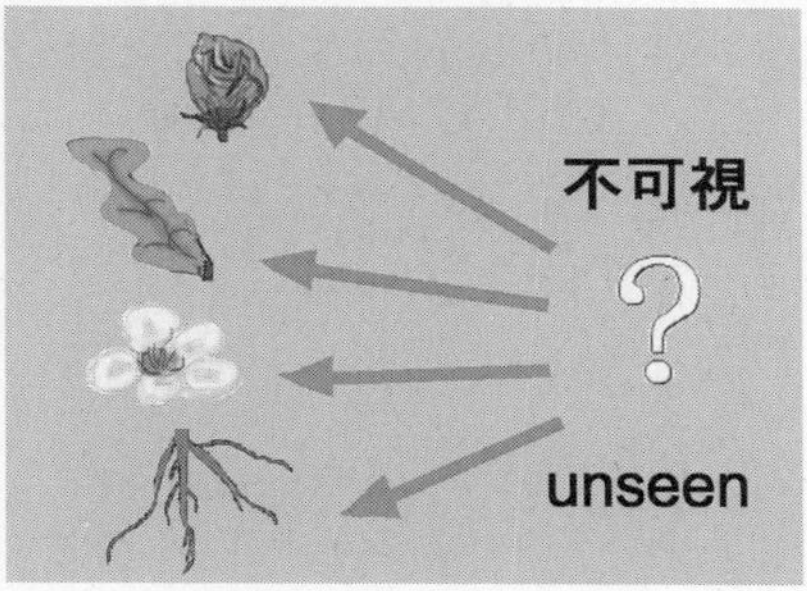

この「空」の考え方は、植物の〝全体〟は常にそこにあるが、時と場合によって、「芽」「葉」「茎」「花」「根」「果」「種」という形に現れてくるということですから、一つの全体が、時と場合に応じて多様に展開していくことを認める思想です。先に挙げた保坂氏は、この点に注目して、政治思想としての「空」の考え方は「諸々の対立する価値観は、その本質において決して違うものではない、という思想」（一四六頁）だと指摘しています。そして、「空思想を受け入れれば、現象界における差異を超えた共存が可能である」とし、「これは宗教や見解の違う者同士が平和的に共存するためには、先ず、自らの主義主張を絶対化しない事が必要であると考えることを求めているのではないだろうか」（同書、一四六頁）と述べています。

私はこの考えに賛成します。すでに多くの皆さんは

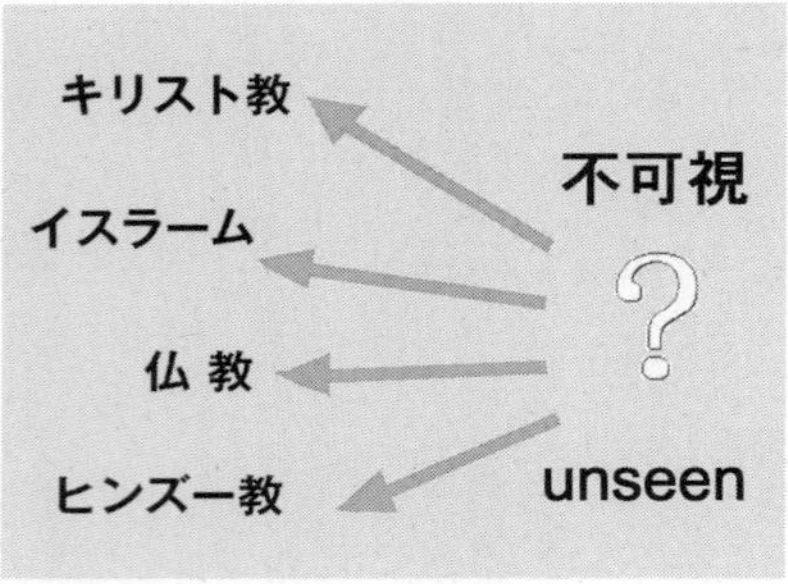

お気づきと思いますが、実はこの考え方は生長の家が主張している「万教帰一」と同じ論理構成になっています。世界の数多くの宗教は、それぞれの表現の仕方は多様であっても、それぞれの表現自体に絶対的な価値があるのではなく、その表現の〝奥〟にあって、その表現をさせている〝本体〟に本当の価値がある。「十字架」や「コーランの章句」や「如来像」そのものに絶対的価値があるのではなく、そういう表現を生み出した真理の力に価値がある――そういう生長の家の考え方は、仏教の空思想に根差しており、そして今、このグローバル化した世界の平和実現のためには、なくてはならない考え方であると言えます。

菩薩の思想

それでは、次に仏教の教えの中で世界平和に貢献するとして私が挙げた「菩薩の思想」について、お話しします。「観世音菩薩」については、私の著書『次世代への決断』に少し書いており、これは日本語だけでなくポルトガル語にも最近、翻訳されて出版されましたから、ブラジルからの参加者の方々はすでにそれを読まれたと思います。また、私が二〇一二年に書いた自由詩「観世音菩薩讃歌」でも、その意味について書かれています。しかし、こちらは英語版もポルトガル語版もまだ正式なものは出ていません。また、同年の日本での全国幹部研鑽会と全国大会では、「観世音菩薩とは何ものか」について話し、[*1]それが機関誌に掲載されましたから、日本の本部講師、本部講師補の皆さんは、詳しい内容を覚えておられるかもしれません。しかし、日本語以外の言語を使う参加者にとっては、まだ説明が不十分だろうと思います。ところが、今日の私の持ち時間はあまり多くなくなってきましたので、詳しい話は残念ながらできません。

そこで、今日のテキストとして定めてある機関誌『生長の家』の二〇一三年八月号の私の文章を使って、大急ぎではありますが説明させてください。すでにご存じの方も多いと思いますが、「観世音菩薩」とは、古代インドの文語であるサンスクリットの「*avalokitesvara bodhisattva*」の漢訳（中国語訳）です。それを日本語で音読みすると「かんぜおんぼさつ」と発音されます。その意味を直訳的に言えば、「世の中の音（響き）を観じ、それに応じて人々を救い取ってくれる真理の探究者」ということになります。英語ではこれまでこれを「Goddess of Mercy」と表現していましたが、あまり正確な翻訳ではありません。というのは、「菩薩」という言葉には性別はないからです。男であっても女であっても、真理の探究をしている修行者、特に、自分が真理を悟るより先に、他者を救おうという愛他行の情熱に燃えた人は皆「菩薩」であります。それが女性であると解釈された理由は明らかでありませんが、多分、日本で作られた観世音菩薩像の多くが、女性的な容姿をしていたからでしょう。また、菩薩は「神」ではありません。特に、西洋社会では大文字の「G」を使って「神」(God)を表現した場合、それは唯一絶対神を意味することが多いので、「Goddess of Mercy」という英訳は、原意から離れてしまいます。このような理由で、今回、このオフィスの敷地に設置された橋の一つに「観世音菩薩称念讃嘆橋」という名前を付け、それを英訳するに当たっては「Goddess of Mercy」を使わずに、「the Bodhisattva Who Reflects the Sounds of the World」という言葉を使いました。今後は、これを使っていく予定です。

さて、この菩薩の思想がなぜ世界平和に貢献するかという点ですが、その理由の第一は、そこには「自他一体」の感情があるからです。「自分が救われていなくても、他人の救済を先行させせよう」という考えは、自他一体感がなければ起こりません。例えば、親が、まさに交通事故に遭いそうな子を見て、自分がケガすることを顧みずに子供を助けに走った場合、その親の心には自分と子供との分離した感情などなく、「あの子は私の命だ！」という自他一体感に包まれているのです。慈・悲・喜・捨の四無量心とも共通しています。こういう人間の感情の大切さは、もちろん仏教だけで説かれているのではなく、キリスト教でも〝よきサマリア人〟などの喩えによって「無条件の愛」の大切さが説かれ、イエスは「いと小さき者の一人に為したるは、即ち我になしたるなり」（『マタイによる福音書』第二五章四〇節）と教えて、偉大なる自他一体の境地を説きました。しかし、仏教においては、この「菩薩」を数多く生み出し、人生のあらゆる場において「自分より他者を救う」ことの素晴らしさを強調してきました。「四無量心これ菩薩の浄土なり」という教えは、それを示しています。この「菩薩」の中で最大のものが「観世音菩薩」なのです。

宗教的感性は右脳から

この自他一体感がどこから来るか、について考えてみましょう。そういう高級な宗教的感情は、相当の修行をした特別な人間にしか与えられないと、皆さんは考えられるでしょうか？　私はそうは思いません。もちろん、どんな人間も、どんな状況でも他者への自他一体感を簡単に抱けるわけではありません。しかし、人間は本来仏であり神の子なのですから、多少の練習をすれば、どんな人間でもそれを感じることができるし、それによって「菩薩の浄土」に近づくことができると私は考えます。その証拠が、今日のテキストの中にまとめられているのです。

まず、自然と都会における人間の脳の機能、ものの見方、注目点……などを対比した一覧表を見ていただきたいのです。日本語の資料をお持ちの方は『生長の家』誌二〇一三年八月号の七頁に、それが載っています。ポルトガル語、英語、中国語の参加者の方々は、私の文章が始まってまもなくのところに、その一覧表が掲載されているはずです。それをご覧になってください。この表は、人間が「自然」の中で生活するときと、「都会」で生活するときの違いを比べたものですが、これらの対比はあくまでも「傾向」や「重点の置き方」を示しているということを最初に強調しておきます。二者択一ではないということです。例えば、脳の機能についていえば、私たちは自然豊かな場所では「左脳」よりも「右脳」を多く使う傾向

	自然	都会
脳の機能	ミラーニューロン 右脳	左脳
ものの見方	アナログ	デジタル
	包容的	排他的
注目点	対称性	非対称性
心の領域	潜在意識	現在意識
判断の傾向	体験優先	効率優先
環境との距離	環境密着	環境遊離
エネルギーの増減	減エネ	増エネ

があるということです。森の中では右脳だけを使い、左脳をまったく使わないということではありません。それと同じように、都会生活の中でも私たちは右脳を使いますが、それよりも重点的に左脳を使い、左脳的なものの考え方、つまりデジタルにものを切り分けて考える傾向が強い、ということです。この点をぜひ、誤解のないようにしてください。

さて、私は先ほど、宗教運動が世界平和に貢献するためには、仏教の考え方の中から「空の思想」と「菩薩の思想」を導入することを提案しました。それを聞いて、参加者の中には、特にキリスト教を窓口としてこの運動に加わった人の中には、「今さら仏教を勉強するのか!」と頭を抱えた人がいるかもしれません。さらに私は、そういう人々にはあまり聞き慣れない「空」という言葉を説明するために、一見難解な説明をしたかもしれません。

皆さんには、今日の私の講話を聞くまでに、宿題として「対称性の論理を学ぶ」(本書第二部第二章に収録)という文章を読んでいただきましたが、私が今日ここで強調したいのは、「空の思想」や「菩薩の思想」を理解し、自分の身につけるためには、必ずしも修道院に入ったり、禅僧になって托鉢と瞑想の生活をするなど、禁欲生活を含む長い間の大変な努力は必要でないということです。その証拠が、この一覧表の上部には書かれているのに気がつかれたでしょうか？　つまり、ここには私たちの脳の機能は「右脳」と「左脳」に分化しており、それぞれがアナログ的なものの見方、デジタルなものの見方に対応しており、右脳は包容的である一方、左脳は排他的な考え方に優れている——と書いてあるのです。そして、この文章全体の主題である「対称性の論理」は右脳やミラーニューロンと関連し、「非対称性の論理」は左脳の働きと関連している——と書いてあるのです。それでは、先ほど説明した「空の思想」と「菩薩の思想」はこの二つの分類のどちら側に関係しているのでしょう。どなたか分かりますか？

まず「空の思想」は、一覧表の左側の欄と関連していると思う人、手を挙げてください。はい、ありがとうございました。では、そうではなく、右側の欄と関連していると思う人は、何人いるでしょうか？　はい、ありがとうございました。それでは、次に「菩薩の思想」について同じ質問をします。「菩薩の思想」が一覧表の左の欄と関係していると思う人は、どうぞ手を挙げてください。はい、ありがとうございます。では、その逆に、「菩薩の思想」は一覧表の右の欄と関係が深いと思う人、手を挙げてください。どうもありがとうございました。では、正解を申し上げます。正解は、「空の思想」も「菩薩の思想」も、この一覧表では左側の欄――つまり、「右脳」「アナログ」「包容的」「対称性」などと密接な関係があります。いずれも物事の表面の違いを見るのではなく、似たところに注目するという共通点があります。「空」の考え方も、現象の表面的な違いに価値を認めず、その奥にある共通点を重視します。「菩薩」も、自分と他人との違いを重視せず、他人の救いは自分の喜びであると考えます――つまり、自他一体の認識、言い換えれば、自分と他人との対称性（共通点）に注目して、それを価値あるものとして認識する思考法にもとづいています。

ということは、どんな人間にも、右脳と左脳があり、アナログ的な包容的なものの見方と、デジタルな排他的なものの見方ができ、そして対称性と非対称性の双方に注目できるのですから、当然のことながら、「空」を理解し「菩薩」の生き方ができるはずなのです。もしそれらが難解に聞こえ、理解にいたらないと感じる人がいるならば、それはたぶん、「空」とか「菩薩」という用語に慣れていないというのが最大の理由ではないでしょうか。慣れてしまえば何てことはありません。大体、この二つの考え方は、生長の家ではすでに説かれていることなのです。すでに申し上げましたが、「空の思想」は結局、「物質はナイ」「肉体はナイ」ということです。そして、「菩薩」中の最大のものである観世音菩薩は、谷口雅春先生が「観世音菩薩を称うる祈り」の中で「生長の家の礼拝の本尊なのである」とはっきりと述べられているものです。皆さん方には、これらの意味をさらに深く理解し、ぜひマスターされて、「善一元の神」や「実相」の考え方とともに、私たちの運動の重要な概念として自らの生活の中で生き、さらに人々に伝えていただきたいのです。なぜなら、この二つの考え方は、先ほど触れたように、これまでの歴史の中で仏教が人類の平和に貢献してきた貴重な遺産だからです。国際平和信仰運動を推し進めていくためには、これらが必要なのです。

さて、最後に、再びその一覧表に注目して下さい。その一番上の横の欄には左側に「自然」、右側に「都会」と書いてあります。これが何を意味しているか、皆さんはもうご存じでしょう。人間の生活の場として「自然」と「都会」を考えたとき、自然の中では一覧表の左側の欄にあるものが比較的に優位に働くのに対し、都会の中では、一覧表の右側の欄にあるものが比較的優位に働く、ということです。生長の家の国際本部が今、都会を離れ、自然の中のこの〝森の中のオフィス〟へ移転することの意味が、この一覧表には明確にまとめられています。

今、世界の人口の半分以上が、田舎を離れて都会に住むようになりました。それに伴い、様々な社会問題や倫理問題が発生し、自然破壊、エネルギーと資源の枯渇、そして地球環境問題の深刻化が進んでいます。これら数多くの問題の原因として、私は人間の考え方や心理状態の偏向があると考えます。どんな偏向かというと、この表の右側を重視し、左側を軽視する偏向です。この偏向を正さなければ問題は解決しません。人間には右脳と左脳の双方があるように、人類の繁栄と幸福のためには、自然と都会の双方が必要です。私は、この一覧表にある都会的要素のすべてを「悪い」といっているのではありません。都会的要素の「偏重」が悪いといっているのです。人間の健全な生活には右脳と左脳が必要なように、人類の健全な進歩のためには自然的要素と都会的要素の双方が必要です。しかし、片方への偏重はいけません。両者をバランスさせるべきだと言っているのです。そして、宗教というものは本来、また歴史的にも、この一覧表の左側の分野を担当しているのですから、都会を離れ〝森の中〟の自然に還り、その本来の働きを遂行する時期に来ているのです。二十一世紀の宗教改革は〝森の中〟から始まります。

どうか皆さん、昨日から今日の教修会で学ばれたことをそれぞれの地域に持ち帰り、地域の人々に伝え、そして地域の自然を愛し、豊かならしめるとともに、人々の悩みを菩薩の心を発揮して解決し、物質的豊かさに惑わされることなく、神の御心を実現する運動に邁進していただきたく切にお願い申し上げます。皆さまの行く手に神の祝福が豊かにありますように。ご清聴、ありがとうございました。

——二〇一三年七月、「世界平和のための生長の家国際教修会」での講話

＊1　二〇一二年四月二十八日～三十日に開催された生長の家白鳩会全国幹部研鑽会、生長の家相愛会・栄える会合同全国幹部研鑽会、生長の家青年会全国大会での講話は一本にまとめられて「偏りのない文明の構築へ」として本書第二部第一章に収録。

第四章　「ムスビ」の働きで新価値を創造しよう

　皆さん、本日はおめでとうございます。（拍手）
　今日は谷口雅春大聖師の御生誕日を記念する式典であります。谷口雅春先生は昭和六十年六月に霊界へ旅立たれましたが、もし肉体をお持ちでありましたならば、今日は先生の一二〇歳の誕生日ということであります（拍手）。生長の家では「人間は皆、不滅の命である」と申しておりますので、雅春先生はこの場にも来ていらっしゃるだろうと思います（拍手）。そこで、皆さんと一緒に、これからお誕生祝いを申し上げたいと思うのです。どうぞご唱和ください。「谷口雅春先生、一二〇歳のお誕生日、おめでとうございます。」（拍手）

私たちは雅春先生のご本をたくさん持っておりますので、今日でもそれらを読みながら、先生がお説きくださるその語調とか、ご文章の勢いとか、抑揚などにも触れることができます。それは、先生の人格に触れることであり、大変ありがたいことでございます。私も毎回の講習会で、雅春先生のご文章から引用してお話をさせていただいているので、そのことを強く感じます。

先ほども式辞等にございましたが、生長の家の国際本部は今年の十月から〝森の中のオフィス〟――八ヶ岳の南麓、標高一三〇〇メートルの高地へ移り、そこで実務を始めております。私は東京にいたときには大抵徒歩で通っておりましたが、あの〝お山〟と呼ばれたところから本部会館までは、歩いてだいたい十五分くらいかかります。その際、「光明の塔」と呼ばれている特徴のある建物の正面に神像がございました。白い大きな彫刻でございますが、その下を通るのでありますが、そこは建物の高さにして二階から三階建てくらいのところにある。すると、高過ぎて表情などの細部はよく見えないのであります。

しかし現在、〝森の中のオフィス〟へ行きますと、そのオフィスの建物は二階建ての連棟式のもので、その北側の建物——一番高い位置に神像があって、地面にコンクリートの台を設置した、その上に立っているのです。現地に行かれた方はご存じと思います。そうしますと、神像のお顔は前よりもずっと近いのであります。ですから、神像を拝顔すると表情もよく見えます。その顔は谷口雅春先生を彷彿《ほうふつ》させるのですね（拍手）。ですから、私は毎朝心の中で「おはようございます。今日もよろしくお願いします」とご挨拶を申し上げ、執務に入るのでございます。

世界中で拡大する異常気象

ここに集まられた皆さんは幹部活動をされている方がほとんどですので、なぜ生長の家が〝森の中〟へ行ったかという理由は十分ご存じだろうと思います。

先ほどのお話にもありましたが、地球環境がだいぶまずい状態になってきている。それを示す現象があちこちに見られるということは多く報道されているので、皆さんも十分感じていらっしゃると思います。今年は夏に伊豆大島に大きな台風被害があり、たくさんの方が亡くなりました。それから、先ほども話がありましたように、現在、世界の注目を浴びているのがフィリピンのレイテ島を襲った台風三〇号です。台風は日本にも毎年、二十個かそのくらい多く来るので、「台風三〇号」というと何か親しみを感じますが（笑い）、しかし、向こうでは「ハイアン」と呼んでいるようです。中国語の名前もあるそうです。このハイアン台風は大変大規模である。フィリピンは熱帯ですから台風はしょっちゅう訪れるのですが、今まで来たことのないような大きさで、破壊力も強い。それを数字で知って驚きました。私は、レスター・ブラウンという有名な環境運動家がやっている地球政策研究所（Earth Policy Institute）から時々、メールでニュースレターをもらっているのであります。その十一月十八日付ですから、ごく最近のものから数字を引用します。

このハイアン台風は、十一月八日には風速が時速一九五マイルを記録したといいます。一マイルは一・六キロメートルですから、換算すると時速三一二キロメートルになる。ですから新幹線の「のぞみ号」より速いんですね。あのものすごいスピードで走る新幹線より高速の風が吹き荒れるのです。そういう巨大な嵐は世界各地で発生しますが、地域ごとに「ハリケーン」とか「台風」とか「サイクロン」などと違った呼び方をします。アメリカではそれらすべてを「カテゴリー1」から「カテゴリー6」の六段階に分類しています。ハイアン台風はそのうちの最大の「カテゴリー6」に該当するものです。風速二五〇キロ以上の暴風が吹くものが「カテゴリー6」に分類されていますから、風速三一二キロメートルといえば、これはもう最大級のものである。ということで、非常に大きな被害をフィリピンにもたらしました。

あの国にとって台風が来ることは珍しくないのですが、巨大化にともなってだんだん被害が大きくなっています。この台風三〇号（ハイアン）が来る一年くらい前に「ボーファ」という名前の台風がフィリピンを襲って、その時には死者が一九〇〇人も出ました。被害額は一七億ドル。その後、今年の八月に「トラミー」という台風がやって来て、それは風ではなくて大雨をもたらし、初期の被害額で二二億ドルだったといいます。その後に今回のハイアンの襲来です。被害額はまだ総額としては分かっていませんが、現在までの初期の概算で一四〇億ドルということです。そして、避難民の数は四〇〇万人といいます。「四〇〇人」じゃありませんよ。四〇〇万人――つまり百万都市四つ分の人々が、住むところをなくしている状態なのですから、これは実に大きな被害であります。

「それは日本じゃなくてフィリピンで良かった」と皆さんは考えますか？　そういう考え方もあるかもしれませんが、視野が狭すぎる。フィリピンに来るものは日本にも来る可能性があり、東南アジアは日本企業の生産拠点でもあります。また、最近の気候変動の傾向として言えるのは、これまで台風やハリケーンクラスの大嵐が来なかったところへも、それが来るようになっています。この研究所のニュースレターに具体的な例が掲げてありました。

それをご紹介しますと、ブラジル——先ほど祝辞を述べられた宮裏準治・ラテン・アメリカ教化総長の住んでいらっしゃる国で、生長の家信徒の数は日本より多い所です。このブラジルには、二〇〇四年に初めてハリケーンがやって来た。それまではハリケーンはなかったというのです。それから他国では、二〇〇五年にはスペインとカナリー諸島へこれまた初めてハリケーンが上陸した。さらに二〇〇七年には、アラビア海でサイクロンが発生して、オマーンとイランの両国が初めてその被害を受けた。

また、二〇〇八年になるとミャンマーに初めて台風が上陸し、イラワディのデルタ地帯――海に近い低い土地で九万人が死亡したというんですね。このように暴風による被害はどんどん進んでいる。世界最大の経済国であるアメリカ合衆国でも、二〇一二年に東部のニュージャージー州を「サンディー」という巨大ハリケーンが襲った。あそこは高度技術をもっていますから、メキシコ湾でハリケーンが発生すればだいたいどんなコースで進むかは予測できていました。けれども、この時には予測できなかった。これまでは右回りのコースを取っていたハリケーンが、今回は初めて左回りのコースを取ったというのです。それで被害が大きくなったらしい。このように、大嵐の分野でも、私たちがかつて経験していないようなことが世界中で起りつつあるというのが現状であります。

残念ながら、現代の多くの国々では、経済発展によってこういう地球規模の問題の何かが解決すると考えているようです。従いまして、これからもほとんどの国が経済発展を目指すでしょう。すると、さらに地球温暖化が加速するということになり、さらに自然災害が深刻化する。「自然災害」とは言いますが、こうなるとほとんど「人災」に近いです。そういうことで、生長の家では今年八月、宇治別格本山に「自然災害物故者慰霊塔」というものを建てました。これは直接的には東日本大震災で被災した物故者の方々をお祀りしたのでありますが、今後はそれだけではすまされないことが予測できます。誠に残念な状況であります。

私たちにはこういうことが予見できますので、GNP（国民総生産）やGDP（国内総生産）ばかりに注目した経済活動を行っていてはいけない。今は数字で計算すればGNPの増加分と、災害による被害額は、たぶん日本国だけで比較するとGNPの数字の方が大きいかもしれない。しかし、世界全体で計算すると、この関係が逆転し、いわゆる〝マイナス成長〟になっていく。そういう時代に向かっていると考えるのであります。

そんな世界全体の動きを背景として考えると、私たちは少しでも多くの人々と共に、〝新しい生き方〟――自然を破壊せずに幸福を実現する生き方を早急に構築していかねばならないし、現にそれを皆さんと一緒に、できるところからやりつつあるのでございます。

ご存じのとおり、「日時計主義」の生き方は、すでに与えられているものに感謝する生き方である。より多くの資源やエネルギーを求める生き方とは違います。また、自然を大切にする生き方でもある。そのことは、皆さんが日常の活動の中で、例えば技能や芸術的感覚を生かした誌友会を通して感じていられるはずです。さらに私たちは、肉食をできるだけやめようという運動もしています。新しいオフィスの食堂では、魚はときどき出てきますが、菜食中心です。そういう、できるだけ地球環境を傷めつけない生き方を私たちの間で実践し、さらに他の人々とともに盛り立てていかねばなりません。

新価値を生み出す二柱の神

今日は幹部の皆さんが多く集まっている場ですので、一つご提案をしたいと考えています。それは、これまでの運動のさらなる飛躍を目指して、「神様を導入する」ということです。

妙な言い方に聞こえるかもしれませんが、説明します。生長の家の神様は仮に「生《せい》長《ちょう》の家大神《いえのおおかみ》」と申します。招神歌の中でも「生長の家大神守りませ」という言葉を唱えます。しかし、これは特定の神の固有名詞ではないということを皆さんは十分ご承知だろうと思います。「生長の家大神」というのは、宇宙の本源神の別名である。それが私たちの運動を指導する形で現れているものを、親しみを込めて呼ぶのに「生長の家」という言葉を冠するわけですね。でも、「生長の家」という言葉の本来の意味は、神示にもありますように、大宇宙のことである。ですから、大宇宙の本源神を私たちは「生長の家大神」と呼ぶのです。宗教学的にいうと、私たちは「唯一絶対神」を信仰する団体であります。ですから、宗教行事の時には、「実相」という文字を掲げて、それを通して「宇宙の大生命に礼拝する」というのが私たちの信仰の基本中の基本であります。しかし、そうでありますが、実際に私たちが「実相」を心に描くといっても、これはなかなか具体的にイメージするのが困難なことが多い。それから、「唯一絶対神」とはどういう存在か?——私もときどき講習会で質問されるのでありますが、この説明もかなり難しい。なぜなら、言葉で説明したとたんに、その言葉によって「すべてのすべて」である神を限定してしまうことになるからです。

しかし、幸いなことに、日本の伝統においては、『古事記』や『日本書紀』の中に、いわゆる「八百万《やおよろず》の神々」と呼ばれるように数多くの種類の神々が出てきます。生長の家では、これらを個々別々の神々とは考えずに、唯一絶対神の数多くの現れ（表現神）だと捉えます。この多くの神々に先立った、トップバッターの神がアメノミナカヌシノカミです。この神が宇宙本源神であるということを谷口雅春先生は繰り返して説かれています。「天地《あめつち》の初発《はじめ》の時、高天原《たかあまはら》に成りませる神の名は天之御中主神」とあります。この神の次に登場されるのがタカミムスビノカミ、カミムスビノカミであります。

私のブログ「唐松模様」を読んでいらっしゃる方はすでに気がついていると思いますが、これらの神名に含まれた「ムスビ」という言葉が、自然界の働きを最もよく表現しているのです。この「ムスビ」の意味についても雅春先生はいろいろなところで詳しく説かれていますが、それによりますと、「分かれたように見えているものが一つに結び合わさること」がムスビであり、これによって豊かな世界が実現する――ということです。

例えば、植物に花が咲くと、動物であるハチが飛んできて、花の中で受粉が行われて、やがて実が成る。実が成ると、そこにいろんな昆虫や鳥がやってきて、その実を栄養源とし、豊かに成長する。さらに、その実の中に種があれば、それが遠方に飛んだり、動物に運ばれて新しい地に落ち、その植物もさらに繁栄する。「ムスビ」の働きに関与するいずれの生物にとっても、ウィンウィン（win-win）の状態が実現する。それが自然界の顕著な特徴であるということです。その「ムスビ」の働きを司る神々の中で、特に、宇宙本源神の次に現れる二柱の神々――タカミムスビノカミ、カミムスビノカミ――を私たちはしっかり意識して宗教行事を進めることを、私は今回提案させていただきたいのであります。

このことは、別に今までの神想観の方法や実相礼拝の方法を変えようということではありません。そうではなく、もっと私たち一人一人の心の中の問題として申し上げたいのです。神想観などの宗教行事で「実相」を観ずるときに、無限内容をもつ実相のすべてを観ずるのは難しいことがある。その時には、「ムスビ」の働きを意識の中心に据えたらいかがですか、ということです。なぜなら、それが自然界の最も顕著な特徴であるし、現代社会では最も欠けていることの一つだからです。自然破壊は、人間と自然とが利害対立するバラバラの存在だと考える〝迷い〟の産物です。自然と人間は本来一体であるという実相を、もっともっと人々が強烈に意識しなければならない。そのための方法です。

ですから、日本古来の神道の様式を好む方は、神棚をお持ちでしょうから、例えば、その中心に別の神様を祀られていたとしても、両脇には新たにタカミムスビノカミ（高御産巣日神）とカミムスビノカミ（神産巣日神）の御神名を書いたお札を立てかけるとか、掲げるのはいかがでしょうか。こうすることで、何を今拝んでいるのかが自分自身にはっきり意識されます。「宇宙の大生命」を礼拝するのはもちろん正しい信仰です。しかし、その宇宙の大生命のどういう働きに私たちが心の焦点を合わせるかで、日常生活には変化が生じるでしょう。現在の私たちの運動では、「神・自然・人間の大調和」を目指し、〝自然と共に伸びる〟ことに意識を集中していますから、自然界の顕著な働きである「ムスビ」を意識しながら実相顕現の運動と生活とを展開していこうというのであります。もっと宗教的な表現を使えば、高御産巣日神と神産巣日神の二柱の御加護と御指導をいただきながら、信仰と生活の両面で〝自然と共に伸びる〟生き方を実現していこうということです。これにより、私たちの運動もさらに馬力をもって進んでいくに違いありません。

そういうわけで、谷口雅春先生の「ムスビ」についてのお言葉を最後に紹介いたします。これは『古事記と現代の預言』の三二頁にあるご文章です――

日本では、古来「愛」という字を使わなかった。「愛」という語はシナの言葉ですが、英語では「ラブ（LOVE）」というんですけれども、これは煩悩《ぼんのう》の愛とも間違う。

ラブの場合は「ラブラブ」という表現があるように、煩悩に堕することも珍しくない。そこで、ラブだけでは誤解を生じる可能性がある、ということです。

日本ではそのような不完全な語を使わないで、「産巣日《むすび》」と言ったのであります。

この「産巣日」という三文字は『古事記』での使われ方です。『日本書紀』では若干違う文字が使われています。雅春先生は『古事記』の方を採用されたわけです。

「むすび」というのは、「愛」という語よりも非常に深遠な意味を含んでいるのであります。「むすび」というのは、「結婚」の「結」に当たる字ですが、皆さんが羽織の紐を「結ぶ」と言っても、近頃の若い人では羽織を着ている人が少ないし、羽織の紐を知らない人が多いが羽織の紐でも寝巻の紐でも、左と右とを結び合わす。そうすると、前の結ばない時よりも美しい複雑な形が現われてくるでしょう。

ここにありますね。（と壇上で、自分の羽織の紐の結び目を指し示す）。（笑い、拍手）

これは「新価値の創造」である。それで左と右、陽と陰とが完全に結び合うと、このように、「新しき価値」が其処から生まれてくるのであります。愛は自他一体のはたらき、陰と現われ、陽と現われているけれども「本来一つ」であるから、互いに結ばれて一つになることです。「愛」というのは「自他一体」の実相の再認識であります。こういうふうに、宇宙の本源なるところの本来一つの神様が、二つに分かれ、陽と陰とに分かれたのがそれが再び一つに結ばれて「新価値」を生み出すところの働きをするのが、「高御産巣日神」「神産巣日神」である。

(同書、三二頁、原文は旧漢字)

というので、『古事記』の解説のところを今引用させていただきましたが、そのように、「一見分かれているように見えるものが本来一つである」というのが実相の自覚であり、これを最も顕著に体現しているのが自然界の「ムスビ」の営みであるわけです。ところが、人間界では本来一体であるものを細かく分けて、あそことあそこは利害が対立するのであるといって争っている。そういう意味でも、大調和の世界を実現するためには、ぜひこの「ムスビ」という考え方を強く意識して——今日の私たちの運動でも、相愛会と白鳩会が講習会の受講券を奪い合うことなく（笑い）、一緒に協力して前進する。それだけでなく、政治の対立とか国家間の「対立」の方を意識するのではなく、協力と協働の「ムスビ」を意識し、それらを通して自然と人間の本来一体の姿を実現していかねばなりません。

そういう目的のため、皆さんは日常生活の中で、このタカミムスビノカミ、カミムスビノカミの御働きをぜひ意識されながら——それは夫婦の調和、親子の感謝、さらには自然と人間との一体感の回復にもつながるし、『大自然讃歌』の言葉を使えば「自然即我、我即自然」の自覚を深める方法として、運動と生活のいろいろな方面に展開していっていただきたいと思います。

今日は、谷口雅春先生の百二十歳のお誕生日を記念いたしまして、〝新しき価値〟を生み出す運動を皆さまと共にさらに盛り上げていきたいと決意する次第であります。

ご清聴ありがとうございました。（拍手）

——二〇一三年十一月二十二日、谷口雅春大聖師御生誕日記念式典での挨拶

第五章　なぜ肉食から遠ざかるべきか？

増え続ける肉食

全世界からお集まりくださった生長の家の幹部・信徒の皆さん、どうもありがとうございます。このブラジルでの「世界平和のための国際教修会」へのご参加に心から歓迎し、感謝申し上げます。ありがとうございます。

皆さんのお手元にある概要説明にも書かれていますが、今回の教修会で検討してきたことは、すでに八年前の二〇〇六年に一度取り上げた問題です。当時は、「肉食と世界平和を考える」というテーマで行われ、ブラジルでは一月に、日本では七月に行われました。ブラジルでの教修会には、十六カ国から二九二三人、日本の教修会には二八四人が参加しましたから、生長の家のトップクラスの幹部が合計で三二〇六人も集まって、「肉食をすることは世界平和のために有害である」ということを学んだわけです。その内容は二冊の本にまとめられていて、今回、それらの英語、ポ語、スペイン語、中国語への翻訳もできあがり、皆さんの前にあるはずです。では、それにもかかわらず、なぜ私たちは再び今回、同じテーマで教修会を開かねばならないのでしょうか？

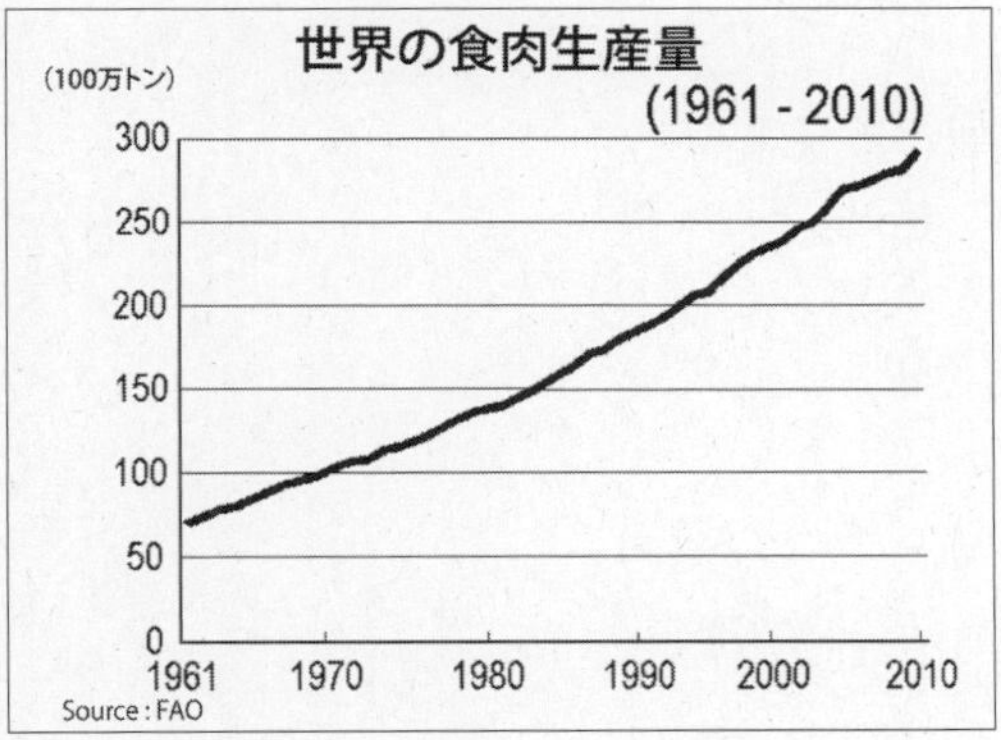

図1

このグラフを見てください。ワールドウォッチ研究所の『地球環境データブック』の二〇一二～二〇一三年版から引用してきたものです。（図1）グラフの横軸に年代 を取り、縦軸に世界の食肉生産量を取ったもので、一九六一年から二〇一〇年までほぼ一直線に食肉の生産量は増え続けています。ということは、生産された肉を食べる量も増えていると考えねばなりません。つまり、このデータが示しているのは、私たちが肉食を減らす努力をしてきたにもかかわらず、世界の食肉生産量に、したがって消費量にも、何の影響も及ぼしていないということです。

「それは他人の食生活に関することだから、仕方がない」と皆さんはお考えですか？「他人に何を食べろとか、何は食べるななど命令できない」と皆さんは思いますか？確かに、そういう言い方で他人を説得することは不適当かもしれません。しかし、こういう言い方はできるのではないでしょうか――「世界人口が七〇億を超え、さらに二〇五〇年代には九六億にまで増大することがほぼ確実な中で、人間が肉食を続けていけば経済的に、政治的に、また保健衛生面で、さらには地球環境全体にとって、どんな結果が待ち受けているのでしょう？」と。私たちは、その説明を真剣にやってきたでしょうか？　もしやってきたならば、その危険性を少しでも緩和するために、自分自身の食生活を変えてきたでしょうか？　肉食を減らし、野菜や果物へ切り替える食生活の転換を実際に行ってきたでしょうか？

私は、ここに集まられた皆さんが、そういう努力を全くされてこなかったと言っているのではありません。概要説明にも書いてあるように、私たちは世界のそれぞれの国や地域で、それぞれの事情に合わせて肉食を減らす取り組みをしてきたでしょう。が、その取り組みに「バラツキがあった」点を反省しているのです。つまり、肉食を減らす努力の仕方がまちまちであり、力を入れた国や地域がある一方で、そうでもない所もあったのです。そのようなバラツキがあった理由は、いくつもあると思います。その一つは、この問題には「緊急性がない」と判断したところがあったのではないでしょうか？　また、私たちの食生活と世界平和に関係があると知っていても、その関係が大変複雑で、多岐にわたっているため、信徒の皆さんに説明するのが困難であったという側面もあるのではないでしょうか？　また、そういう複雑な関係を十分理解できなかった人も、中にはいると思います。そこで今回、一部は復習になるかもしれませんが、この複雑な関係に焦点を当てて十分に理解していただき、それぞれの担当地域に帰ってからも、信徒の皆さんに自信をもって説明できるようになっていただきたいのです。なぜなら、これは重要であるだけでなく、今、現に世界で起こっている問題と密接に関係した緊急性のあることだからです。それが今回の教修会の一つの目的です。

菜食に転換する人々

今回の教修会の目的は、ほかにもあります。それは、世界には問題ばかりが存在するのではなく、その問題の解決となる糸口も必ずあります。これを別の言葉で表現すれば、私たちの表現の舞台である現象世界には、暗黒面だけがあるのではなく、光明面も必ずあるということです。その光明面を今回は学びます。これを人類の肉食の問題に即して言えば、こうなります——世界の人口は増え続け、経済発展にともなって肉食は増え、地球環境は破壊され、戦争の危険が増しているという暗い動きだけでなく、世界には明るい動きも見えるのです。それは、①人々がしだいに肉食の深刻な弊害に気づきだし、肉食を減らすだけでなく、菜食主義に転換する人々も増えていること。また、②伝統的に肉食を避ける生活を続けてきた人々が地球上には大勢いて、それらの人々が大変おいしい菜食料理をすでに数多く開発し提供していること。さらには、③世界の宗教には、肉食を避ける教えと実践の伝統が今日まで営々と引き継がれてきているということです。

肉食から菜食に切り替える人々が増えていることについては、昨日のマルリ・ウィンクラーさんの発表によって見事に証明されました。彼女と彼女が率いるブラジル・ベジタリアン協会の運動は、その動きを体現しているからです。私がウィンクラーさんの登場を特にうれしく思うのは、彼女がブラジル人であるからです。私は八年前、このサンパウロの地で行われた国際教修会で肉食の問題を取り上げたとき、肉料理で定評のあるこのブラジルで、肉食を減らすことを訴えるのに躊躇しました。そんなことを訴えると、「我々の個人的な食生活に、いちいち文句をつけるな」と反発を買うかもしれないと考えたからです。しかし、その年には、ウィンクラーさんがブラジル・ベジタリアン協会（ＳＶＢ）を設立してすでに三年が過ぎていました。つまり、ブラジルにおいては、地球の反対側の日本から宗教家がやって来て、「肉食を減らそう」とお説教をする三年も前から、ブラジルの伝統的な食事である肉食が抱える様々な問題に気づいて、菜食への転換を強力に進めている団体が存在していたということです。それだけではありません。今日の概要説明にも書いてあるように、ブラジルでは二〇〇四年からベジタリアンが増え続け、現在は人口の八〜九％、約一五〇〇〜一六〇〇万人が動物を殺して食べる生き方を拒否し、自らの良心にしたがった生活をしているのです。

私はここで、大声で「ビバ、ブラジル！」と叫びたい。「一五〇〇万人」という数字は、日本では東京都の総人口（一三三六万人、平成二十六年一月）より多く、神奈川県と大阪府の人口を合わせた数（約一八〇〇万人）よりやや少ない数ですし、アメリカでは全米四位の人口を抱えるフロリダ州の人口（一八八〇万人）よりやや少なく、第五位のイリノイ州の人口（一二八三万人）より多い数字です。これを国単位の人口と比べれば、オランダ一国の人口（一六五九万人）にほぼ匹敵し、ギリシャ（一一一六万人）よりも、ポルトガル（一〇六四万人）よりも多い数です。ブラジル国内だけでも、これだけの数の人々が毎日、動物の命を尊重するために自らの食生活を変える決意をし、それを実行し続けているということは、素晴らしいことではないでしょうか？私は、今後のブラジル生長の家の運動に期待せずにはいられません。ブラジル・ベジタリアン協会の活動に加えて、ブラジルの生長の家の信徒の皆さんが本気になれば、サッカーの試合だけでなく、動物愛護と世界平和への貢献の競争においても、ブラジルは世界をリードすることができると思います。どうかよろしくお願いいたします。

ところで、この教修会にはアメリカ合衆国からも多くの人が来ているので、参考のために私が調べたアメリカの数字を並べてみます。二〇〇八年に『ベジタリアン・タイムズ』(*Vegetarian Times*)が行った調査によると、アメリカには七三〇万人のベジタリアンがおり、その他の二二八〇万人が、菜食主体の食事を摂っているといいます。この数字を人口比で表すと、ベジタリアンは全人口の三・二％、菜食主体派は一〇％です。**(図2、次頁)** ここでいうベジタリアンとは、肉、魚、鶏を食べない人でいわゆるビーガンも含みます。ということは、アメリカのベジタリアンは、人口比ではブラジルの八％に劣りますが、菜食主体派をベジタリアンの〝予備軍〟と考えると、約一割という相当の割合のアメリカ人が、肉食の弊害に気づき、食生活の改善に努力し

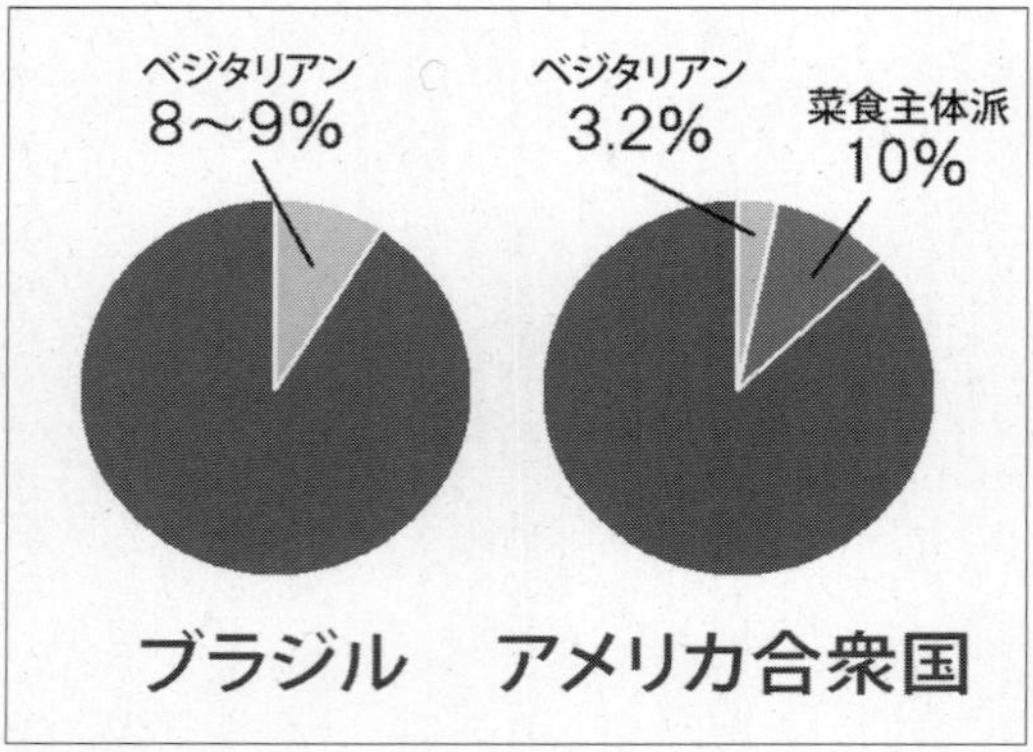

図2

ていることが分かります。また、アメリカには『ベジタリアン・タイムズ』の数字以外にも、非営利組織「ベジタリアン・リソース・グループ」(The Vegetarian Resource Group)がまとめた二〇一二年の数字があり、これによると、ベジタリアンの人口比は「四%」です。二〇〇八年の数字より増えているのです。つまり、アメリカでも、ベジタリアンの数は増えつつあると考えることができます。

このように、ブラジルやアメリカの人々は食生活を菜食重視の方向に切り替えることによって世界平和に貢献することができますが、伝統的に多くの人々が菜食を当たり前に行っている台湾は、これまでに蓄積された数多くの種類の「素食」を世界に広めることによって、別の面から世界平和に貢献できるでしょう。私は、一九九五年に台湾を訪れた時、初めて素食というものを知りました。それがノーミートであるにもかかわらず、驚くほど種類があり、また美味しいことに感動しました。日本の伝統料理である和食にも、精進料理と呼ばれるものを初めとしたノーミートの料理は数多くありますが、台湾の素食は、それらとは違い、中国料理の伝統を継いだボリュームのあるものです。これらに加え、日本から南北アメリカに渡ったマクロビオティックと呼ばれるノーミート料理も、今では世界的に人気を呼びつつあります。それらが美味であるということは、「禁欲生活は無味乾燥だ」という一般常識を覆すものです。そうです、私たち生長の家は禁欲生活に切り替えようという運動をしているのではありません。

生長の家は禁欲主義にあらず

このことは、今回の教修会のテキストである『大自然讃歌』の中に書かれている通りです。この讃歌の終わりに近いところに、人間に欲望が備わっていることの意義が説かれています。この本をお持ちの方は、該当箇所を開けてください。日本語版では四〇頁になります――

欲望は
肉体維持発展のための動力にして、
生物共通の〝炎〟なり、
〝生命の炎〟なり。
これなくして生物
地上にて生活すること能《あた》わず。
これなくして
人間も肉体の維持・発達為すこと能わず。

ここには、人間が現象生活を送るためには欲望は必要だと書かれています。ですから、生長の家は禁欲主義ではないのです。しかし、欲望至上主義でもありません。そのことが、次に説かれています――

されど汝ら、
人間の真の目的は肉体の維持・発達に非ず、
地上に神の栄光現すことなり。
肉体は神性表現の道具に過ぎず、
欲望もまた神性表現の目的にかなう限り、
神の栄光支える〝生命の炎〟なり。

ここに書いてあることは、欲望は肉体に奉仕するものだから、肉体を「神性表現」という正しい目的に使うならば、欲望も「神の栄光支える〝生命の炎〟」として評価されるということです。別の表現を使えば、本来、私たちに備わっている「神性」を地上に表現するために欲望を利用することは正しい、ということです。逆に言えば、私たちの「神性」が表現できないような欲望の使い方は間違っている、ということです。食欲も欲望の一つです。ということは、人間の神性がくらまされるような食欲の使い方――食材の選び方や食事の仕方――は、間違っているということです。ここに、私たちが肉食から遠ざかろうとしている信仰上の理由があります。

肉食は神性表現を妨げる

肉食はまず、心をもった動物たちの生きる意思をふみにじり、過酷な奴隷生活を強いる残虐な行為です。また肉食は、地球資源の浪費であり、その結果、貧しい国の人々から食糧を奪うことになります。さらに肉食は、環境汚染や森林破壊、水不足を助長することにより、人類のみならず、すべての生物の生活に悪影響を及ぼします。そして肉食は、地球温暖化を加速させることで極端な気象現象を頻発させ、旱魃《かんばつ》、洪水、海面上昇を激化し、大量の環境難民を生み出し、領土問題を深刻化させます。近年になって頻発している異常気象については、皆さんはもうよくご存じです。

皆さん、地球環境や人類の生活がこのような方向に進むことは、「神の栄光が現れる」ことなのでしょうか？　それとも、「神の栄光がくらまされる」ことなのでしょうか？　答えは、火を見るより明らかです。人類の肉食が増えることによって、神の栄光はくらまされるのです。それは即ち、人間の神性がくらまされることを意味します。難民が増え、社会不安が拡大し、暴力やテロリズムに訴える人の数が増えるからです。ですから、そういう方向に私たちの欲望を使うことは間違いなのです。

では、私たちの食欲をどのような方向に使えばいいのでしょうか？　これについても、『大自然讃歌』は答えを与えています。日本語の四三頁へ飛びます――

されば汝らよ、
欲望の正しき制御を忘るべからず。
欲望を
神性表現の目的に従属させよ。
欲望を自己の本心と錯覚すべからず。

世界中で観察される統計的な事実として、こういうことがあります。人間は経済的に豊かになるにつれて、穀物や野菜食から肉食へと切り替える傾向がある。この事実は、昨日のウィンクラーさんの発表の中でも取り上げられました。ブラジルでは、二〇〇一年からの十年間で、鶏肉を含む肉の消費量が一・五倍になっています。しかし、これは私たち人間の〝本心〟や〝本質〟を表しているのでしょうか？　それとも、欲望の膨張を表しているのでしょうか？　この疑問への正しい答えは、私は後者だと思います。もし人間が本質的に肉食を好む生物であるならば、経済が豊かになるに伴って、ブラジルやアメリカなどの自由な国々でベジタリアンの数が増えていることの説明ができません。特に、両国とも、経済的に余裕のある人々がベジタリアンに転換するケースが多く、また、そういう人々が多く住む地域でベジタリアンが増えているのです。しかし、その反面、中国などの発展途上国では、肉の消費が確実に増えています。これは「欲望を自己の本心と錯覚」しているからではないでしょうか。人間は一度そういう欲望満足の段階を通過した後に、自己の神性に目覚め、「これではいけない！」と菜食重視の方向へと食生活を転換するのではないでしょうか。

なぜ犬を愛し牛を食べるか？

私は最近、メラニー・ジョーイ（Melanie Joy, Ph.D.）という人が書いた『*Why We Love Dogs, Eat Pigs, and Wear Cows*』（**図3**）という本を読みました。この題は簡単な英語なので、多くの皆さんには意味が分かると思います。つまり、「私たちはなぜ犬を愛する一方で、ブタを食べ、ウシの皮をはいで服や靴を作るのか」という理由を探究した本です。著者は、アメリカのボストンにあるマサチューセッツ大学で心理学と社会学の教授をしています。また、彼女は国際ベジタリアン連合（ＩＶＵ）の活動もしています。彼女が提示している問題を手短かに言うと、私たち人間はなぜ同じ動物であるイヌやネコは愛するのに、ブタやウ

図３

シを殺してその肉を食べたり、皮製品にするのかということです。一部の動物を愛し、まるで家族の一員のように扱うのに、一部の動物には残酷な仕打ちをし、殺して食べるのです。この首尾一貫しない矛盾した態度はどこから来るのかという疑問を、心理学者の立場から探究したものです。

ジョーイ博士はアメリカ人ですから、この本の中では主としてアメリカのデータを使っていますが、それにしてもアメリカ一国だけでも大変な数の動物を殺し、食べていることが分かります。その数字を紹介する前に、ひと言申し上げておきますが、私はアメリカという国やアメリカ人を批判するためにこの数字を挙げるのではありません。手近に、入手できる詳しい数字がたまたまアメリカのものであったので、一例として紹介するのです。ブタ肉の消費について言えば、中国はアメリカの約二倍の量を消費しています。しかし、中国の人口は、アメリカ（約三億人）の約四倍に当たる一三億五〇〇〇万人ですから、一人当たりの消費量はアメリカ人の約半分です。もっと具体的に申し上げましょう。（図4）平均的なアメリカ人は肉を年間一〇六・五キログラム消費します。これは大型のハンバーガーに換算すると四七〇個分に相当します。

つまり、毎日一個以上食べている計算になります。これに対して中国人は平均して肉を年間五四・四キログラム消費します。

ジョーイ博士は、アメリカ農務省の統計をもとにしてもっと細かい数字を挙げています。（図5）それによると、平均的アメリカ人が一年間で消費する肉の量は、ニワトリが三九・四キログラム、シチメンチョウが七・七キログラム、ウシが三〇キログラム、ブタが二三・一キログラムです。これに子ウシ肉とヒツジ肉を加えると、肉全体では一〇一キログラムという数字になります。ブラジル人の二〇一一年のデータでは、ニワトリが四七・九キログラ

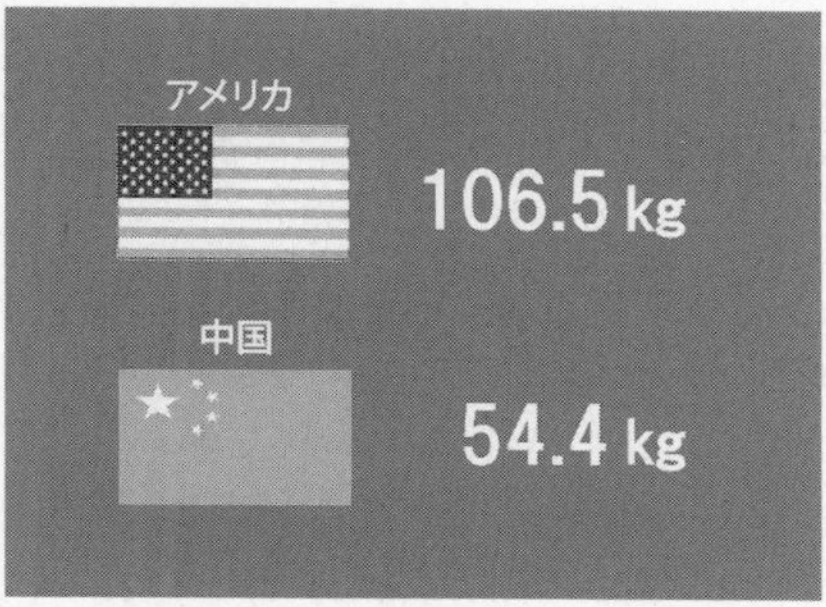

図4

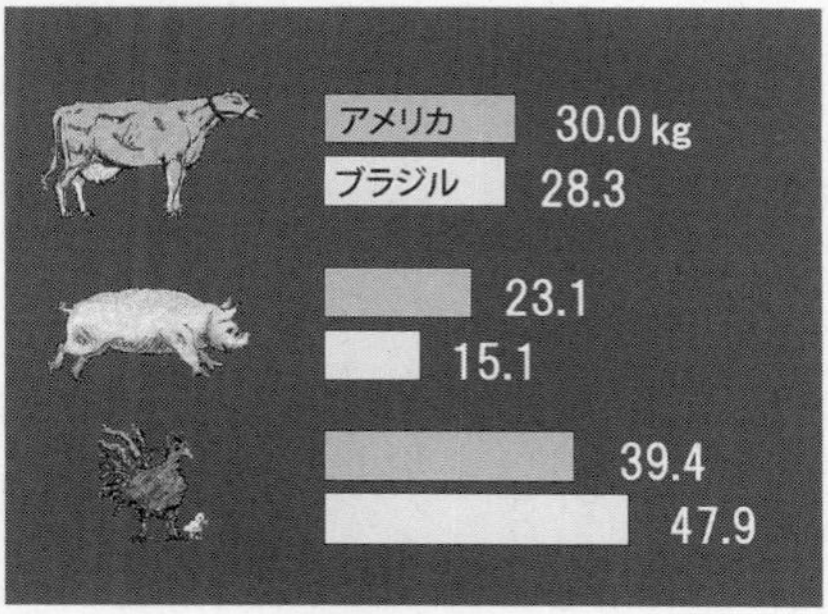

図5

ム、ブタが一五・一キログラム、ウシは二八・三キログラムで、肉全体では九一・五キログラムになるそうです。アメリカ人より若干少ないようです。

アメリカの話にもどれば、「一人当たり年間一〇一キログラム」という量の肉をアメリカ人全体が食べるためには、年間で約一〇〇億匹の家畜と家禽が殺されることになります。これは大変な数ではないでしょうか？　計算すると、年間一〇〇億匹を殺すためには、一分間で一万九〇一一匹、一秒間では三一七匹が殺されるのです。ジョーイ博士は、さらに興味ある比較をしています。一〇〇億匹は、アメリカの人口の三十三倍であり、ニューヨーク市の人口の一二五〇倍、ロサンゼルスの人口の二五〇〇倍だというのです。地球上の人類の数は七〇億人を超えたところですから、もちろん一〇〇億匹は人類の数より多いのです。

肉食を可能にする心理

では、私たちは毎日何人もの人と顔を合わせていても、動物たちが殺される姿を見たことがあるでしょうか？　鳥が窓ガラスに衝突したり、ネズミやイヌが交通事故で死んでいる姿は見たことがあるかもしれません。しかし、いったい何人の人が、家畜や家禽が食肉に加工されるために殺される様子を見たことがあるでしょうか？　殺される動物たちの悲鳴を聞いたことがあるでしょうか？　彼らが流す血の臭いをかいだことがあるでしょうか？　どんな場所で殺されるかを聞いたことがあるでしょうか？　もしこれらの経験がないのならば、それはなぜでしょうか？

次の写真を見てください（図6）——

図6

これは日本で「三猿《さんえん》」と呼ばれている彫刻です。三匹の猿が、それぞれ両手で目を覆い、耳を隠し、口を押さえています。その意味は、「自分にとって都合の悪いことや人の短所や、過ちは、見ない、聞かない、言わない」という一種の戒めです。社会に波風を立てないための渡世術として昔から言われてきたことです。

しかし三猿の戒めは、社会の不足や間違いの是正を放棄することにつながります。三猿主義は、そこに解決すべき問題があると知りながら、そんなものはナイとして無視することです。これを実行するために便利なのは、問題そのものを社会の目から隠してしまうことです。もっとハッキリ言えば、私たちは家畜や家禽の屠殺の現場を社会から「見えないように」「聞こえないように」「口に出して言わないように」することによって、「犬を愛しながらも、ブタを食べ、ウシの皮をはぐ」社会を維持し続けてきた――これが、ジョーイ博士の説明であり、私もその通りだと考えます。

日本での肉食については、吉柴講師が発表してくださいました。そこでも触れられていたように、日本では仏教の「不殺生」の教えの影響もあって、伝統的に肉食は多くなかったのです。しかし、一部で継続的に行われてきました。その際には、この三猿主義の考え方が極端な形で実践されました。それは、屠殺や皮革の加工に携わる人々を社会の一郭に集め、人々の目から隠してしまうことです。そういう人々の住む地域は「部落」と呼ばれ、一般人が出入りすることは禁止されなくとも、〝危険なこと〟〝汚らわしいこと〟だと言われて差別されてきました。これらの人々は、鎌倉時代中期（十三世紀半ば）から「えた」と呼ばれ、穢《けが》れが多いという意味の漢字が当てられました。江戸時代の身分制度では最下層の「賤民」として扱われ、「非人」とさえ呼ばれました。つまり、人間として扱われなかったのです。こうして、屠殺という行為とそれを行う人々を社会から隔離し、隠してしまうことで、日本では、動物への残虐行為と動物を食する行為は社会の責任でないこととされてきました。現代日本では、もはやそういう身分制度はなくなりましたが、屠殺に携わる人々への差別が、いまだに有形無形の形で行われていると言われます。

現代のアメリカでは、この屠殺と食肉の生産過程はどうであるのかは、すでに過去の生長の家教修会で扱いました。今日、皆さんのお手元にある本では、勅使川原淑子・本部講師の発表にその様子が詳しく描かれています。そこには目を背けたくなるような描写がたくさん出てきますが、事実は事実として、私たちはこのことを知っておく必要があります。

ジョーイ博士は、アメリカでも家畜の屠殺現場が隠されていることを、次のように書いています――

私たちの夕食の皿に載る食肉のほとんどを生産する産業組織は、基本的に隠されていて見えません。私たちはそれを見ないのです。なぜなら、それらは私たちのほとんどが敢えて行かないような遠方に位置しているからです。もしそこへ行ったとしても、中の様子を見ることが許されないからです。施設を出入りするトラックは、しばしば荷台を頑丈に覆われ、中に何が積まれているか表示されていないからです。『ファーストフードの国』(*Fast Food Nation*)の著者、エリック・シュローサー(Erik Schlosser)が言うように、それらのトラックには「前方に窓がなく、中で何が起こっているかが判別できる構造上の特徴は何もない」からです。私たちがそれを見ないのは、見てはいけないからです。暴力的なイデオロギーは皆そうであるように、一般大衆は、制度の犠牲者を直接目撃することから遮断されなければならないのです。なぜなら、目撃すれば、大衆はその制度自体に、あるいはその制度に荷担することに疑問を感じだすからです。この事実が、それを語っています――食肉産業はなぜこうまでして、自分たちの行動を隠

さなければならないのでしょう。（同書、四〇頁）

ジョーイ博士によると、事実をゆがめるための最も有効な方法は、そんな事実はないと否定することです。私たち自身に大きな問題があっても、「いや問題はないんだ」と自分に言い聞かせれば、問題解決に悩む必要はなくなります。そして、ある事実を否定するために最も有効な方法は、その事実を見えなくすること、つまり隠すことです。この事実隠蔽が社会全体で大々的に行われているので、私たちは最初に取り上げたような、動物に対する矛盾に満ちた態度——つまり、イヌやネコは家族の一員のように愛するのに、ブタやウシは殺して食べたり、皮製品にすることができるのだといいます。ジョーイ博士は、肉食をする人間は悪魔か鬼だと言っているのではありません。屠殺や食肉生産の現場が徹底的に隠されていて、一般の人々には見えないので、「そこで行われていることは大きな問題ではないのだ」と考えるように仕向けられているのです。簡単に言えば、普通に肉食をする人は無知であり、だまされているのです。

本当は牛を助けたい

その証拠に、私たちは心理的に普通の状態にあれば、ウシは「殺される」のではなく、「生かされる」ことに喜びを見出すはずです。これは、期せずして実際に起こった事実から証明できます。

私は二〇〇一年からブログを書き継いでいますが、この二〇〇一年当時には、イギリスを中心にして口蹄疫《こうていえき》が発生して大きな問題になったことを記憶している方も多いのではないでしょうか。口蹄疫とは、何でしょうか？　それは、主として哺乳動物の偶蹄類《ぐうているい》（ウシ、水牛、ブタ、ヒツジ、ヤギなど）に感染するウイルス性の急性熱性伝染病です。このウイルスは感染力がきわめて強く、土や干し草、人間の衣服などに付着して運ばれるので、車のタイヤや人間の靴についた土からも感染します。さらに、風によって運ばれることもあります。感染した動物は、口や蹄《ひづめ》や乳房付近の皮膚や粘膜に水疱ができ、この水疱や乳汁、糞尿の中に大量のウイルスが排出され、肉や臓器などにも大量のウイルスが含まれます。

口蹄疫に感染した動物は、食欲減退によって肉付きが悪くなり、乳の出も悪くなります。また、体内に大量のウイルスをもつため肉製品にはできません。症状が消えた後も、ウイルスは食道や咽喉頭部に長期間すみついてキャリアー化する恐れがあります。ということで、畜産品の原料として見る限り、感染した動物は死んだも同然ということになります。しかし、重要なことに、この病気のウイルスは人にはほとんど感染しないだけでなく、動物も死ぬことはないのです。特にヒツジの症状はさほど深刻ではありません。やがて動物は病気から回復していきます。しかし、畜産品の原料としては価値がなくなるだけでなく、強い感染力によって他の家畜の商品価値もなくしてしまうため、この病気が発生した場合、発生地域も含み周辺のすべての家畜を、感染していなくても殺してしまうことが、被害の拡大を防ぐ唯一の方法だと考えられてきました。

そんなニュースが流れる中、私はブログに四月四日付で、「フェニックスの生還」と題して次のような記事を書きました――

口蹄疫の伝播を防ぐために大量の家畜が殺されているイギリスの農家で、例外的に生き延びた子牛が救われることになった。今日付の『ヘラルド朝日』の伝えるところによると、最も深刻な被害の及んでいるイギリス本島南西部のデボンと、北西部のカンブリアでは、森林火災の延焼を防ぐために周辺部の林を伐採するのと似た考え方で、口蹄疫に感染した家畜が見つかった地域の周辺部では、未感染の家畜もすべて殺す方法が採られていた。そんな中で、デボン地方のメンバリーにあるクラーレンス農場の十五匹の牛は、感染地域が近いという理由で殺されたが、四月二十三日になって、死後五日たった母牛の側で生きている子牛が見つかった。これが、四月十三日に生まれた「フェニックス」という名前の子牛だった。

殺処分担当の政府職員は、このことを聞いてフェニックスをもう一度処分したいと農場主に言ったが、この農場主はこれを拒んだ。メディアもこれを聞きつけ、フェニックスの写真が『*Daily Telegraph*』や『*Times*』紙に載ると、ブレア首相の事務所にはこの子牛を殺すなという抗議の電話が殺到したという。

（『小閑雑感 Part 1』、二五七〜二五九頁）

イギリスの口蹄疫は、この年の二月二十日に最初の感染が確認され、四月二十五日までに全国で一四七九例の感染が確認され、殺された家畜の数は実に二〇〇万頭を超えたといいます。このような例を考えると、食肉産業に携わっている人々も、また普段から肉食をしている人々も、自分たちと心の交流ができる家畜を殺して食べるという行為に残虐性と倫理的な負い目を感じていることは明らかだと思います。特に、この時のように、屠殺や焼却処分の現場が隠されずに、マスメディアを通して人々が目撃することになると、私たちは肉食をすることの罪の深さを痛感するのだと思います。そう考えるのでなければ、一方で何百万頭ものウシを殺すことを容認しながら、他方でその殺戮から生き残った一頭の子牛を助けたいという声が、期せずして人々の間から湧き上がる理由を、私は説明できません。

ではなぜ多くの人間は、この口蹄疫が沈静化したあとも肉食を続けているのでしょうか？　私はその理由の一つは、「習慣」の力の大きさだと考えます。人間は人生で何か不幸な出来事に遭遇しても、そこから学ぶ人もあれば学ばない人もあります。学ぶ人は、精神的、霊的な成長を果たし、不幸を克服して幸福へと近づきますが、そうでない人は、同じ種類の不幸に何度も直面することになるのです。世の中の趨勢《すうせい》を眺めてみると、残念ながら、前者よりも後者の人の数が多いのです。

肉食と非対称性の論理

私はまた、この出来事の背後に、現代人の心の混乱を認めます。私たちは、自分が何をすべきかという判断に迷っているのです。私は二〇一三年七月、生長の家の新しい国際本部である〝森の中のオフィス〟で行われた国際教修会[*1]で、私の講話の録音筆記から作った「対称性の論理を学ぶ」という論文を参加者に配りました。これは今日、皆さんのお手元にあるはずです。その論文では、最近の心理学や脳科学の研究から明らかになった人間の心の二つの大きな傾向と、人間が住む二つの生活の場——自然と都会——との関係を対比しました。もっと具体的に言うと、人間の大脳は右脳と左脳とに大別されますが、それぞれの脳には役割分担があり、物事の間の共通点を認める「対称性の論理」は右脳が受け持ち、物事の間の相違点を認める「非対称性の論理」は左脳が受け持っているということです。この一覧表（図7、次頁）を見て、それを思い出してください。

この表にはまた、人間が昔から生活してきた「自然」の中では対称性の論理が優位的に働き、もう一つの生活の場である「都会」にあっては、非対称性の論理が支配的に作用するということが示されています。先ほど取り上げた「フェニックス」という子牛をめぐるイギリスの人々の矛盾した反応は、この一覧表と大いに関係があると思います。もっと言えば、この表はまさに肉食をめぐる人間の矛盾した心の動きを説明するものだと考えます。

	自然	都会
脳の機能	ミラーニューロン 右脳	左脳
ものの見方	アナログ	デジタル
	包容的	排他的
注目点	対称性	非対称性
心の領域	潜在意識	現在意識
判断の傾向	体験優先	効率優先
環境との距離	環境密着	環境遊離
エネルギーの増減	減エネ	増エネ

図7

ウシなどの家畜は、一般に自然豊かな田舎で育てられてきました。これに対して、それを屠殺して食肉として販売し、消費する場は、主として都会でした。私は、田舎の人々が肉食をしなかったと言っているのではありません。食肉が消費される量を考えると、人口が比較的少ない田舎よりも、人口が密集した都会の方が多かったという意味です。家畜を育てるためには、人々は当然、家畜と頻繁かつ濃密に接触し、そこから家畜への愛着が生まれます。家畜農家の人々と家畜との間には、「対称性の論理」が優位的に機能するのです。その反面、都会で家畜の肉を食べる人々は、生きた家畜に接触する機会はまったくないか、あったとしてもきわめて少ないでしょう。だいたい、都会で生まれ育った子供たちの中には、ミートボールやソーセージが生きた動物の肉から作ることを知らない人もいるのです。ましてや、屠殺場に引かれていくウシたちが、恐怖のために小便を漏らし、涙を流し、悲痛な叫びを上げることなど知らない人がほとんどでしょう。接触する機会がなければ、家畜に同情し、さらに感情移入する余地はほとんどありません。つまり、都会人と家畜との間には、「非対称性の論理」が優位的に機能するのです。

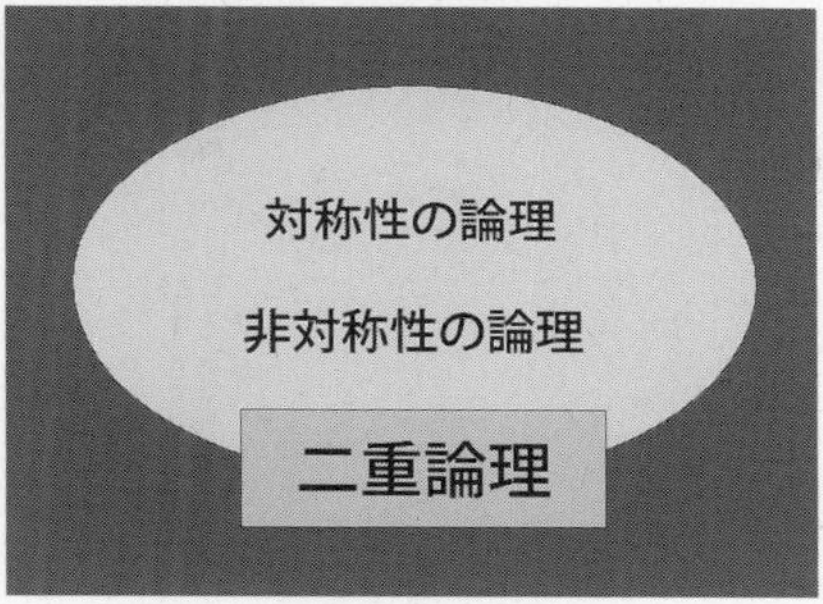

図8

　そして、肉食をする人々の矛盾した心を説明するのが、「二重論理」というメカニズム（図8）です。この心理学的なメカニズムについては、今日、テキストにしている私の論文「対称性の論理を学ぶ」にやや詳しく書かれています。日本語のものは、機関誌『生長の家』の二〇一三年八月号の一一頁に、その説明があります。これはイグナシオ・マテ＝ブランコというチリ生まれの精神分析医が最初に唱えたもので、私の文章の中で「彼」と呼んでいるのは、この人のことです。一一頁の上の段の後ろから五行目から読みます――

彼によると、人間は物事を見るときに、見る対象を大別して二つの〝固まり〟に分けたうえで、その二つの〝固まり〟の間の関係として捉えるというのです。この場合、二つの間の共通点を見るのが「対称性の論理」であり、それに対して両者の相違点に注目するのを「非対照性の論理」と呼びました。例えば私たちが、ある人と対面して話をするときに、この人と自分はどこが違うのかと相違点に注目すると同時に、共通点についても把握しているということです。そして、この二つの一見、矛盾したものの見方を、人間は心の中の「意識」と「無意識」で分担して行っている――言い方を変えれば、矛盾した二つの論理が同時並行的に行われている、と彼は考えました。そして、このことを「二重論理」と表現しました。

私たちは、人間と家畜との関係についても、これと同じものの見方をしていると私は考えます。ウシは、私たちの覚めた意識の中では、人間とは明確に異なる動物です。しかし、無意識の中では、私たちは自分と同じ仲間だと感じているのです。私たちが工業製品を生産する際に用いる方法は、覚めた意識から生み出された「非対称性の論理」にもとづく方法です。それは、工業製品の製作コストを下げるための合理的な方法です。しかし、感情をもった生物を扱う方法ではありません。ところが今日の食肉生産には、この方法を用いた〝工場式畜産〟(factory farming)の方式が広範囲に採用されています。別の言い方をすれば、人間と家畜を全く別物と見なし、さらに言えば家畜をまるで食品製造のための物質の塊のように考えて、工業製品の原材料のように扱います。痛覚や感情をもった生き物を物質として扱うのです。

肉食は神性の隠蔽

それははたして正しい方法なのでしょうか？　この場合の「正しい」という意味は

何でしょう？　私は『大自然讃歌』から引用して、すでにそのことを皆さんに説明しました。それを繰り返して言うと、「私たちの神性が表現できないような欲望の使い方は間違っている」のです。「人間の神性がくらまされるような方法」は間違っているのです。私たちは、感情をもち、愛情表現をし、知性さえ備えた家畜を、食欲を満たす目的だけで、残酷な方法で飼育したうえ、残虐に切り刻んで食肉にすることで、神性を表現できるのでしょうか？　もちろん、そんなことは絶対にできません。それは明らかに人間の神性を否定し、くらますことです。そういう方法で、一分間に二万頭もの家畜が殺されているとしたら、その肉を買って食べることで、私たちは神性を表現できるのでしょうか？　とんでもありません。それは自分の神性をくらますことです。

では、皆さんは、〝工場式畜産〟の方法がいけないのだから、広い農場でゆったりと草を食べながら育った家畜ならば、そして、不必要な苦しみを与えない方法で殺された家畜ならば、その肉を食べてもいいはずだと考えるでしょうか？　一部の人たちは、そう考えているようです。しかし、よく考えてみてください。アメリカ一国だけでも、地球上の人類の数より多い一〇〇億匹の家畜を一年間で消費するというのに、そんな数の家畜がゆったりと草を食べて育つような土地が、いったいどこにあるのでしょうか？　そんな牧草地をつくるためには、世界中の森林を伐採しなければなりません。あるいは、人間が食べる小麦、トウモロコシ、サトウキビや大豆の畑をやめて、家畜たちに開放しなければなりません。それができるのであれば、そもそも食べるために家畜たちを飼育しない方がよほど合理的ではないでしょうか。

さて、私はこの講話の冒頭で、今回の教修会では肉食に関して暗黒面だけを取り上げるのではなく、光明面についても学ぶと言いました。それなのに、皆さんの中には、私が少しも明るい話をしないと不満を感じている人がいるかもしれません。私はこれから、その不満を解消するつもりです。生長の家の教えによると、現象世界は、神が創造された世界の実相が顕現していく過程ですから、その過程を長い時間軸で、また広い視野で眺めてみると、必ず良くなっているし、そうでなければなりません。では、肉食をめぐる人間の考えはどうなっているのでしょう？　それは、現代の一時期だけを見れば、確かに悪くなっているように見えます。世界各国の経済発展にともなって、食肉の消費量がどんどん増えているからです。しかし、私たちの視野をもっと拡大し、人類の歴史を通じて肉食に対する考え方がどう推移しているかを眺めてみると、そこには確実な進歩・向上が見られると私は考えます。

人類は進歩している

太古の時代——つまり、石器時代や農耕が始まってしばらくの時代には、肉食に対して異議を唱える人は皆無でなかったか、と私は想像します。なぜなら、動物は重要な栄養源であり、かつ人間にとって脅威でありました。人間が狩をしなければ、クマやオオカミやライオンなどの猛獣がシカやウシなどの獲物を奪うか、あるいは人間を襲って食べたことでしょう。やがて人間は野生動物から家畜をつくり出し、それを飼うことで自分たちの労働力を増し、栄養源を確保して生存を保障するようになりました。ここで生まれたのが、人間と動物との心のつながりです。人間は、労働力や栄養源や交通の手段としてだけでなく、愛したり、かわいがる対象として、自分たちとは異なる生物種と心の交流をすることになりました。

産業革命が起こると、エンジンやモーターが開発されて、労働力としての家畜の重要度は減りますが、その代わり、乗馬やポロ、競馬などのスポーツ、そしてサーカスなどでは人間のコンパニオンとして動物たちは不可欠な存在となり、また家の中のペットとして人間との関係は深まります。もちろん、その間も、家畜を栄養源として扱う人間の習慣は続いていきます。やがて医学が発達すると、人間の身代わりとして動物が使われるようになります。いわゆる〝実験動物〟の登場です。〝実験動物〟の利用については現在、動物愛護団体から厳しい批判が向けられていますが、そもそも「人間の身代わりとして動物を使う」という考え方は、宗教の世界では永い伝統をもっていますが、科学の世界に持ち込まれたのは比較的近年になってです。そして、この研究方法が動物に対する人間の意識の大きな変化を用意した、と私は考えます。なぜなら、この動物利用の方法の背後には、「人間と動物は根本的には違わない」という大前提があるからです。実験動物が医学や薬学の研究に使われるということは、マウスやブタの体で確認されたことは、人間の体でも起こる可能性が大きいという信念があるからです。そこには、人間と他の動物との生物学的、生理学的同一性が前提となっています。私たちがすでに学んだ心理学的用語を使えば、人間と他の動物を別個の存在として見る「非対称性の論理」がくずれ、動物はみな肉体的に同質であるという「対称性の論理」が、現代人の科学的視点の中にも浸透しつつある、ということだと思います。

私はここで動物実験をどんどんやれと言っているのではありません。動物たちに不必要な苦しみを与えることはやめるべきです。しかし、この悪習慣には〝光明面〟もあると言いたいのです。動物実験の実情について人々が詳しく知るようになると、「そんな残虐な仕打ちをするな」という声が上がってきます。これは、私たちが〝工場式畜産〟に反対する根拠と同じものです。こういう声が上がってくるのは、イソップ物語以来の擬人化の心理だけでなく、人間と他の動物とはそれほど違わないという確信があるからです。そして、この確信が生まれる根拠の少なからぬ部分が、動物実験で得られた科学的知見から来ていると考えられます。もっと端的に言えば、現代の動物愛護運動の根拠の多くは、科学的知見にもとづいているということです。

そして、このような動物愛護運動は近年、法律や制度の改革という形で確実なよい成果を生み出しています。例えば、アメリカでは米国動物愛護協会（Humane Society of the United States）が中心となって、家畜や家禽が狭い囲いの中で飼育されることに抗議し、畜産大手や食品メーカー、レストランチェーン、小売など個別の大手企業に働きかけてきただけでなく、州法による禁止にも取り組んでいます。その結果、フロリダ州（二〇〇二年）、アリゾナ州（二〇〇六年）、オレゴン州（二〇〇七年）、コロラド州（二〇〇八年）、カリフォルニア州（二〇〇八年）、メイン州（二〇〇九年）などで、すでに法律による規制が一部実現しているのです。特に、二〇〇八年十一月に成立したカリフォルニア州の家畜虐待阻止法は、動物愛護に向けた最も包括的な内容で、繁殖用の母ブタ、

食肉用の子ウシ、そして採卵用のニワトリが「自由に歩き回り、横になり、立ち上がり、四肢を完全に伸ばす」ことができるように定めています。

私はこのことは、人間の視野がかつてないほど拡大したことを示す画期的なことだと思います。地球上の生物の中で、ある生物種が他の生物種の福祉のために、自分たちの行動を変えろと訴えるなどということが、かつてあったでしょうか？ 例えば、ヘビが集まって社会をつくっていたとします。そこでもし、自分たちのカエルに対する扱い方が残酷だからそれを改めよう、などという話が出たとしたら、皆さんはどう感じますか？ それはもう奇妙な話ではないでしょうか？ そんなヘビ社会は、ヘビとしての本質を失いかけている——そう思いませんか？ しかし、人間社会では現にそれが起こっていると考えられるのです。私はこれは、人類がホモ・サピエンス・サピエンスという生物学的存在としての意識を脱して、一回り大きな存在として顕現しつつある兆しではないか、と密かに喜んでいるところです。つまり、「人間の神性」が表現されつつある重要な証拠だと考えるのです。

皆さん、このような神性表現の動きこそが、宗教が本来地上でなすべきことではありませんか？　私は先に、『大自然讃歌』から、次の言葉を引用しました――

人間の真の目的は肉体の維持・発達に非ず、
地上に神の栄光現すことなり。

この引用箇所からさらに数頁先を開けてください。そこに「汝らは神の子なり、仏子なり」と書いてあります。これが私たち生長の家の信仰の中心ですが、その「神の子」であり「仏子」である人間はどう生きるべきかが、これに続いてはっきりと説かれています――

〝生命の炎〟自在に統御し、
自己の内なる神の目的に活用せよ。
しかして
内部理想の実現に邁進せよ。

これが生長の家の信仰者の生き方です。ご存じの通り、生長の家は現在、世界平和の実現を目指して運動しています。現代の平和は、悪意をもったどこかの国家やテロリストの組織によって乱されるとの考え方もありますが、生長の家はそういう〝悪い国〟や〝テロリスト〟を神が創造されたとは考えません。神の創造の世界には、悪はないのです。ではなぜ、そういう悪が私たちの前に存在するように見えるかというと、人間の迷いが、誤った考え方が、人間の心の中に悪を仮につくるからです。その迷いとは、何でしょうか？　それは、自分の〝外側〟の世界と〝内側〟の世界には断絶があると考えることです。自分は〝内側〟にいて、〝外側〟の世界から何かを取り込むことで幸福になると考えるのです。また、〝外側〟のものは善いものだけでなく、悪いものもあると考え、善いものを取り込み、悪いものを排除し、あわよくば破壊しようと考えるのです。これは、私たちが学んだ「非対称性の論理」の極端な表現の一つです。

「対称性の論理を学ぶ」という論文に詳しく書きましたが、現代社会は対称性の論理が弱まり、非対称性の論理が支配的になりつつあります。このことは、人類の半数以上が、自然豊かな田舎を離れて都会へ移住しつつあることと軌を一つにしています。都会は、非対称性の論理が支配する空間です。人類がそこへ多く住むことになれば、人類の考え方の中から「対称性の論理」が大きく後退するでしょう。いや、現にそういう現象が起こっているため、貧富の格差の拡大、社会不安、離婚や家庭崩壊、薬物の濫用、そしてテロリズムが起こっていると考えるべきでしょう。私は、人類の肉食の増加も、この望ましくない一連の動きの一部だと考えます。なぜなら、肉食はそれを行う人間の欲望満足のために、心をもった動物から奪い、貧しい国の人々から奪い、自然界から多様性と安定性を奪い、さらに資源を浪費するからです。その先に来るものは、気候変動の激化と国際紛争です。

宗教の基本的メッセージ

皆さん、宗教が発する最も基本的で、重要なメッセージとは何でしょうか？　私は生長の家のことだけを言っているのではありません。世界の宗教に共通する基本的メッセージは何か、ということです。

皆さんは、そのことをすでにご存じです。新約聖書で、永遠の生命を得る方法を訊かれたとき、イエスは何と答えたでしょう？　イエスは質問したユダヤ教の学者に「律法には何と書いてあるか？」と訊ね、律法学者は二つの答えを言いました：

①心をつくし、精神をつくし、力をつくし、思いをつくして、主なるあなたの神を愛せよ。（『申命記』第六章五節）

②自分を愛するように、あなたの隣り人を愛せよ。（『レビ記』第一九章一八節）

この二つの答えに対して、イエスは「あなたの答えは正しい」と言いました。つまり、ユダヤ教の教えとイエスの教えは、この部分は一致するということです。さらにイエスは、この二番目の教えを補足するために、有名な「よきサマリア人」（『ルカによる福音書』第一〇章三〇～三七節）の譬話をされたのです。私たちの「隣り人」とはいったいどんな人か、という説明です。ご存じのように、サマリア人とは、当時のユダヤ人社会から差別され、蔑《さげす》まれていた人たちです。が、強盗に遭って倒れていたユダヤ人を、同じユダヤ人は助けなかったのに対し、サマリア人は介抱して助けたうえ、宿まで世話してあげたのでした。

この譬話が発するメッセージは、「私たちは自分が属するグループの人を愛すべし」というのではありません。「自分が属さないグループの人間も愛せよ」ということです。イエスはまた、「あなたの敵を愛せよ」（『マタイによる福音書』第五章四四節、『ルカによる福音書』第六章二七節）とさえ説かれました。愛とは、自他一体の感情です。肉眼で見れば「自」と「他」とは肉体が分離していて〝別もの〟のように見えても、それらは別ではなく本来一体であるという認識があり、そこから流れ出る感情――それが愛です。

仏教では古くから、同じことを「四無量心」と呼んで、人間が目標とすべき仏の心だと教えてきました。「慈悲喜捨」の四つの心です。「慈」の心は「抜苦」ともいい、他人の苦しみを自分の苦しみとして感じ、それを抜き去ってあげたいと願う心です。「悲」の心は「与楽」ともいい、他人に楽を与えたいと願う心です。「喜」の心は、他人の喜びを自分の喜びとして感じる心です。「捨」の心は、他人を自分の思い通りにしたいという執着を去る心です。これら四無量心はすべて、自分と他人との境界線を取り払うことで生まれる自他一体の認識であり、そこから流れ出る感情ですから、「対称性の論理」に根差しています。

イスラームにおいても、同じ考えが説かれ、実践されてきました。イスラーム信仰の中心とされる「五行」の中に、「喜捨（ザカート）」があることを思い出してください。喜捨を行うことは『コーラン』の中で繰り返し強調されている信者の義務です。かつて私たちの教修会のゲストとして講演してくれたカリード・アブ・エル・ファドル師によると、この喜捨の対象となるのは、自分たちのグループの人間ではないのです。『コーラン』によると、それは、貧者、孤児、困窮している親族、旅人、他国からの訪問者、戦争捕虜などです。さらに、イスラーム法学者の大半が、ムスリムと非ムスリムを区別せずに喜捨を行うべきと考えています。（『イスラームへの誤解を超えて』、一三二〜一三三頁）

このように、世界の主要な宗教の教えの基本には、自分と他人との境界を取り払い、自他一体の思いを抱くことを称揚し、その思いを実践する考えがあります。この考えは、さらに個人間の関係のみならず、あるグループと別のグループとの間にも及ぼされるべきだと説かれてきました。では、この「グループ」とは、人間社会の中だけのグループを指すのでしょうか？　私はそう思いません。人類の発展と繁栄だけを目的にしてきた私たちの経済活動は、今日、どんな結果を招いているかを思い出してください。それは地球温暖化であり、極端な気象現象の頻発であり、生物多様性の崩壊であり、動物虐待の食肉生産であり、食糧と資源の奪い合いの世界です。これがはたして「神の栄光」が現れている姿でしょうか？　断じてそうではありません。私たちはもう、神が人類だけを愛されているという間違った考えを捨て去らねばなりません。神が人類だけに、世界をほしいままに利用していいと許可されたなどと考えるご都合主義を放棄しなければなりません。

イエスは、聖書の譬話の中で、王になり変わってこう説いています――

あなたがたによく言っておく。わたしの兄弟であるこれらの最も小さい者のひと

りにしたのは、すなわち、わたしにしたのである

（『マタイによる福音書』第二五章四〇節）

ここにある「最も小さい者」とは何でしょう？　体の小さい人間のことですか？　私はそうは思いません。この言葉は「一見とるに足らない者」という意味だと解釈すべきです。もちろん人間も含まれますが、それ以外の動物や生物一般、さらに鉱物も含まれると解釈すると、この聖句の教えの現代的重要性が一挙に明らかになります。人間にとって一見、とるに足らないように見える獣も、昆虫も、植物も、神にとっては「兄弟」と呼ぶにふさわしい愛すべき存在なのです。その愛すべき貴重な生物の一部を虐待したうえ、自分の欲望のままに殺して食べる行為を、長期にわたり大々的に展開することが、神の御心にかなうと皆さんは思いますか？　そういう行為が「心をつくし、精神をつくし、力をつくし、思いをつくして」神を愛することになるのでしょうか？　神とは、私たちの〝外側〟に、私たちと別にいると考えてはなりません。肉食が、私たちの心の神性・仏性の喜ぶ行為だと、皆さんは思いますか？

この点については、生長の家の教えは実に明確で、疑問の余地がありません。皆さんがよくご存じの「大調和の神示」には、こう説かれています――

汝ら天地一切のものと和解せよ。（中略）天地の万物《すべてのもの》に感謝せよ。その感謝の念の中《うち》にこそ汝はわが姿を見、わが救いを受けるであろう。われは全ての総てであるからすべてと和解したものの中にのみわれはいる。（中略）われを招ばんとすれば天地すべてのものと和解してわれを招べ。われは愛であるから、汝が天地すべてのものと和解したとき其処にわれは顕れる。

この神示にある「すべて」という言葉は、人類だけを指すものではありません。文字通り「天地すべてのもの」です。動物、植物、菌類、鉱物などすべての被造物と和解することによってのみ、神は姿を現され、私たちを祝福されるのです。別の言葉でいえば、自然界のすべてのものと和解することによってのみ、私たちの内部の神性・仏性が輝き出し、世界に平和が実現するということです。

この多様性に満ちた、豊かな自然を擁するブラジルで生長の家の教えを学ぶ皆さんには、偉大な使命があります。それは、肉食の悪習慣から抜け出せずに紛争や戦争の道へとひた走る人類に対して、〝別の生き方〟を示すことです。豊かな森林やセラードを切り倒して家畜用飼料だけを育てることが、神の御心ではないと伝えることです。人類だけの繁栄が平和に結びつくという誤った考えを正すことです。そのためのノウハウは、ブラジル国内はもちろん、世界各地にあり、私たちは相互協力と支援を惜しみません。

ここに集まられた生長の家の世界の指導者が今後ますます一致団結して進んでいくことで、神の栄光が地上に顕れる日が近づくと、私は固く信じるものです。ご清聴、どうもありがとうございました。

――二〇一四年七月、ブラジル・サンパウロ市での「世界平和のための生長の家国際教修会」での講話

＊1　二〇一三年七月十六日〜十七日に「宗教における都市と自然」をテーマに〝森の中のオフィス〟で開催された「世界平和のための生長の家国際教修会」。

【参考年表】

西暦（和暦）	世界の主な出来事	日本の主な出来事	生長の家の主な出来事・出版物
1930年（昭和5年）			立教（1930） 谷口雅春夫妻東京移転（1934）
1940年（昭和15年）	第二次世界大戦終結（1945） 「鉄のカーテン」（チャーチル 1946.3） ジョージ・ケナン論文（1947） トルーマン・ドクトリン発表（1947）	天皇の人間宣言（1946.1.1） 日本国憲法公布（1946） 日本国憲法施行（1947） 教育基本法制定（1947）	「終戦後の神示」（1945） 「日本の実相顕現の神示」「君民同治の神示」（1945） 「大和の国の神示」（1946） 『世界光明思想全集』刊行（1946～1951） 谷口（旧姓荒地）清超結婚（1946）

1950年（昭和25年）
1960年（昭和35年）

冷　戦　時　代

北大西洋条約機構（NATO）結成（1949）
中華人民共和国成立（1949）
世界人口25億3千万人（1950）
朝鮮戦争勃発（1950）
朝鮮休戦協定（1953）
ワルシャワ条約機構成立（1955）
ベルリンの壁建設（1961）
キューバ危機（1962）

教育勅語等の失効確認に関する決議（1948）
警察予備隊設立（1950）
日米安保条約調印（1951）
サンフランシスコ平和条約調印（1951）
自衛隊発足（1954）
第五福竜丸事件（1954）
日本の国連加盟（1956）
日米新安保条約調印（1960）
東海道新幹線開通（1964）

『新生の書』（1951）
『限りなく日本を愛す』（1953）
『解放への二つの道』（1955）
『第二青年の書』（1959）
『菩薩は何を為すべきか』（1960）
『秘められたる神示』（1961）
生政連結成（1964）

1970年（昭和45年）

デタント

ベトナム戦争（1965~1973）
文化大革命（1966~69）
中ソ国境紛争（1969）
ニクソン・ショック（1971～72）
米中国交正常化（1972）

東京五輪（1964）
公害対策基本法（1967）
四大公害訴訟（水俣病、第二水俣病、イタイイタイ病、四日市喘息 1967~69）
10・21新宿騒乱（1968）
日大闘争（1968）
日本GNP世界2位（1968）
東大安田講堂封鎖事件（1969）
日米安保自動延長（1970）
よど号ハイジャック事件（1970）
三島由紀夫事件（1970）
環境庁設置（1971）
沖縄返還（1972）
札幌五輪（1972）
あさま山荘事件（1972）

『我ら日本人として』（1966）
『日本を築くもの』（1967）
『古事記と現代の預言』（1968）
『憲法の正しい理解』（1968）
『占領憲法下の日本』（1969）
『続占領憲法下の日本』（1970）
『占領憲法下の政治批判』（1971）
『諸悪の因 現憲法』（1972）

1980年（昭和55年）

新冷戦

第一次石油危機（1973〜74）
スリーマイル島原発事故（1979）
ソ連のアフガニスタン侵攻、イラン革命（1979）
中越戦争（1979）
第二次石油危機
イラン・イラク戦争（1980~88）
大韓航空機撃墜事件（1983）
チェルノブイリ原発事故（1986）

ロッキード事件（1976）
日中平和友好条約（1978）
中曽根首相靖国神社公式参拝（1985）

『美しき日本の再建』（1972）
谷口雅春夫妻長崎に移住（1975）
龍宮住吉本宮・出龍宮顕斎殿落慶、九州別格本山から生長の家総本山へ改称（1978）
『神の真義とその理解』（1979）
龍宮住吉霊宮、温故資料館落慶（1981）
生政連活動停止（1983）
『大和の国日本』（1983）
谷口清超総裁襲任（1985）

1990年（平成2年）

2000年（平成12年）

大韓航空機爆破事件（1987）
ベルリンの壁崩壊／冷戦終結（1989）
ペルシャ湾岸戦争（1990~91）
ソ連崩壊（1991）
ユーゴスラビア紛争（1991~2000）
EU成立（1993）
南ア、アパルトヘイト撤廃（1994）
香港返還（1997）
アメリカ同時多発テロ（2001）
ブッシュ・ドクトリン（2002）
イラク戦争（2003~2010）
第三次石油危機（2004~2008）

リクルート事件発覚（1988）
細川内閣（日本新党）成立（1993）
阪神淡路大震災（1995）
地下鉄サリン事件（1995）
長野五輪（1998）
環境省設置（2001）
自衛隊イラク派遣決定（2003）
防衛省設置（2007）

『新しい開国の時代』（1989）
『歓喜への道』（1992）

2010年（平成22年）		リーマン・ショック（2008） 世界人口70億人（2011）	鳩山内閣（民主党）成立（2009） 東日本大震災、福島第一原発事故（2011）	谷口雅宣総裁襲任（2008） 国際本部が東京から八ヶ岳に移転（2013）

【初出一覧】

第一部　宗教は動く

・第一章　運動の変化について（ブログ「唐松模様」二〇一二年十一月二十八日、十二月三日、十二月十二日、十二月十七日、十二月二十三日、十二月二十七日）

・第二章　神・自然・人間の大調和に向けて（同欄「生長の家と自然」二〇一二年十月一日、十月十日、十月二十日、十月二十四日、『生長の家』二〇一三年四月号「質疑応答集」）

第二部　新しい文明の実現を目指して

・第一章　偏りのない文明の構築へ（『生長の家』二〇一二年九月号）

・第二章　対称性の論理を学ぶ（『生長の家』二〇一三年八月号）

・第三章　宗教における都市と自然（ブログ「唐松模様」二〇一三年七月二十六日～三十一日、八月一日）

・第四章　「ムスビ」の働きで新価値を創造しよう（『生長の家』二〇一四年一月号）

・第五章　なぜ肉食から遠ざかるべきか？（ブログ「唐松模様」二〇一四年八月二日～八日）

【参考文献】

○谷口雅宣、谷口純子著『〝森の中〟へ行く――人と自然の調和のために生長の家が考えたこと』（生長の家、二〇一〇年）
○谷口雅宣著『次世代への決断――宗教者が〝脱原発〟を決めた理由』（生長の家、二〇一二年）
○谷口雅春著『聖経 真理の吟唱』（日本教文社、一九七二年）
○ワールドウォッチ研究所『地球環境データブック 2011-12』（ワールドウォッチ ジャパン、二〇一二年）
○谷口雅春著『第二青年の書』（日本教文社、一九五九年）
○谷口雅春著『占領憲法下の日本』（日本教文社、一九六九年）
○谷口雅春著『続 占領憲法下の日本』（日本教文社、一九七〇年）
○谷口雅春著『美しき日本の再建』（日本教文社、一九七二年）
○谷口雅春著『諸悪の因 現憲法』（生長の家政治連合本部、一九七二年）
○生長の家本部編『新編 聖光録』（日本教文社、一九七九年）
○谷口雅春著『神の真義とその理解――住吉大神顕斎の意義』（日本教文社、一九七九年）
○谷口雅春著『祕められたる神示――神示講義〈祕の巻〉』（日本教文社、一九六一年）
○谷口雅宣著『信仰による平和の道――新世紀の宗教が目指すもの』（生長の家、二〇〇三年）

○谷口雅宣著『生長の家ってどんな教え？——問答有用、生長の家講習会』（生長の家、二〇一二年）
○谷口雅春著『生命の實相』頭注版第三十九巻佛教篇（日本教文社、一九六六年）
○『聖書』（日本聖書協会、一九六二年）
○谷口雅春著『聖経 甘露の法雨』（日本教文社、一九四八年）
○谷口雅春著『聖経 天使の言葉』（日本教文社、一九四八年）
○谷口雅春著『新講「甘露の法雨」解釈』（日本教文社、一九七五年）
○谷口雅春著『新版 ヨハネ伝講義』（日本教文社、一九九七年）
○谷口雅春著『新版 真理』第四巻青年篇（日本教文社、一九九九年）
○谷口雅宣著『日々の祈り——神・自然・人間の大調和を祈る』（生長の家、二〇〇七年）
○谷口雅春著『生命の實相』頭注版第二十巻自傳篇下／聖詩篇（日本教文社、一九六三年）
○谷口雅宣著『大自然讃歌』（生長の家、二〇一二年）
○谷口雅春著『生命の實相』頭注版第一巻總説篇／實相篇上（日本教文社、一九六二年）
○谷口雅宣著『観世音菩薩讃歌』（生長の家、二〇一二年）
○谷口雅春著『新版 光明法語〈道の巻〉』（日本教文社、二〇〇八年）
○Justin L. Barrett, *Born Believers: The Science of Children's Religious Belief* (Atria Books, 2012)
○谷口雅宣著『日時計主義とは何か？』（生長の家、二〇〇七年）
○ジル・ボルト・テイラー著、竹内薫訳『奇跡の脳』（新潮社、二〇〇九年）
○谷口雅春著『新版 生活の智慧365章』（日本教文社、一九九七年）

○谷口雅宣著『小閑雑感 Part 14』(世界聖典普及協会、二〇〇九年)
○谷口雅宣著『小閑雑感 Part 18』(生長の家、二〇一一年)
○I・マテーブランコ著/岡達治訳『無意識の思考——心的世界の基底と臨床の空間』(新曜社、二〇〇四年)
○井筒俊彦著『イスラーム思想史』(中央公論新社、一九九一年)
○藤田弘夫著『都市の論理——権力はなぜ都市を必要とするか』(中央公論社、一九九三年)
○アン・フリーマントゥル著『信仰の時代』(タイムライフインターナショナル出版事業部、一九六七年)
○保坂俊司著『国家と宗教』(光文社、二〇〇六年)
○谷口清超著『正法眼蔵を読む　上巻』(日本教文社、一九八五年)
○谷口雅春著『古事記と現代の預言』(日本教文社、一九六八年)
○Melanie Joy, *Why We Love Dogs, Eat Pigs, and Wear Cows: An Introduction to Carnism* (Conari Press, 2009)
○谷口雅宣著『小閑雑感 Part 1』(世界聖典普及協会、二〇〇二年)
○カリード・アブ・エル・ファドル著、米谷敬一訳『イスラームへの誤解を超えて——世界の平和と融和のために』(日本教文社、二〇〇八年)

宗教《しゅうきょう》はなぜ都会《とかい》を離《はな》れるか？
世界平和実現のために

2014年11月22日　初版第１刷発行
2015年１月20日　初版第２刷発行

著　者　谷口雅宣《たにぐちまさのぶ》
発行者　磯部和男
発行所　宗教法人「生長の家」
山梨県北杜市大泉町西井出8240番地2103
電　話（0551）45-7777　http://www.jp.seicho-no-ie.org/
発売元　株式会社　日本教文社
東京都港区赤坂９丁目６番44号
電　話（03）3401-9111
ＦＡＸ（03）3401-9139
頒布所　一般財団法人　世界聖典普及協会
東京都港区赤坂９丁目６番33号
電　話（03）3403-1501
ＦＡＸ（03）3403-8439
印刷・製本　東港出版印刷
装　幀　土屋　誠

ISBN978-4-531-05912-6

讃歌　谷口雅宣著　生長の家刊　本体1429円

いに生かし合っている自然界を讃嘆し、“自然即我”の実相覚めしめる長編詩を日常の読誦に適した、布装・折本型の経本として刊行。総ルビ付き。

観世音菩薩讃歌　谷口雅宣著　生長の家刊　本体1619円

“生長の家の礼拝の本尊”とされる「観世音菩薩」の意味と生長の家の教えを縦横に解き明かした長編詩を、布装・折本型の典雅な経本として刊行。総ルビ付き。

生長の家ってどんな教え？　谷口雅宣著　生長の家刊　本体1333円
——問答有用、生長の家講習会

生長の家講習会における教義の柱についての講話と、参加者との質疑応答の記録で構成。唯神実相、唯心所現、万教帰一の教えの真髄を現代的かつ平明に説く。

次世代への決断　谷口雅宣著　生長の家刊　本体1524円
——宗教者が“脱原発”を決めた理由

東日本大震災とそれに伴う原発事故から学ぶべき教訓とは何か——次世代の子や孫のために“脱原発”から自然と調和した文明を構築する道を示す希望の書。

“森の中”へ行く　谷口雅宣・谷口純子共著　生長の家刊　本体952円
——人と自然の調和のために生長の家が考えたこと

生長の家が、自然との共生を目指して国際本部を東京・原宿から山梨県北杜市の八ヶ岳南麓へと移すことに決めた経緯や理由を多角的に解説。人間至上主義の現代文明に一石を投じる書。

日時計主義とは何か？　谷口雅宣著　生長の家刊　本体762円

太陽の輝く時刻のみを記録する日時計のように、人生の光明面のみを見る“日時計主義”が生長の家の信仰生活の原点であり、現代人にとって最も必要な生き方であることを多角的に説く。

日々の祈り　谷口雅宣著　生長の家刊　本体1429円
——神・自然・人間の大調和を祈る

著者のウェブサイトの「日々の祈り」欄に発表された49の祈りを収録。神と自然と人間が大調和している本来の姿を、愛と知恵にあふれた表現を用いて縦横に説き明かす。

株式会社　日本教文社　〒107-8674　東京都港区赤坂9-6-44　TEL（03）3401-9111
一般財団法人　世界聖典普及協会　〒107-8691　東京都港区赤坂9-6-33　TEL（03）3403-1501
各本体価格（税抜き）は平成27年1月1日現在のものです。